MONT-REVÊCHE

PAR

GEORGE SAND.

3

PARIS
ALEXANDRE CADOT, ÉDITEUR,
37, RUE SERPENTE.
—
1853

MONT-REVÊCHE.

Ouvrages du Marquis de Foudras.

EN VENTE.

Le Chevalier d'Estagnol	6 vol
Diane et Vénus	4 vol
Madeleine Repentante (*suite du Caprice*) . .	4 vol
Un Caprice de grande dame (in-18)	3 vol
Un Capitaine de Beauvoisis	4 vol
Jacques de Brancion	5 vol
Les Gentilshommes chasseurs	2 vol
Les Viveurs d'autrefois	4 vol
Les Chevaliers du Lansquenet	10 vol
Madame de Miremont	2 vol
Lord Algernon (*suite de madame de Mirémont*) .	4 vol
Lilia la Tyrolienne (*épuisé*)	4 vol
Tristan de Beauregard (*épuisé*)	4 vol
Suzanne d'Estouville (in-18)	2 vol
La comtesse Alvinzi	2 vol
Le Capitaine La Curée	4 vol

Sous presse.

Tout ce qui reluit n'est pas or.
Un Amour de vieillard.

Ouvrages de A. de Gondrecourt.

EN VENTE

Aventures du Chevalier de Pampelonne .	5 vol
La Tour de Dago	5 vol
Le Bout de l'oreille	7 vol
Le Légataire	2 vol
Les Péchés mignons	5 vol
Médine	2 vol
La Marquise de Candeuil	2 vol
Un Ami diabolique	3 vol
Les derniers Merven	2 vol

Sous presse.

Les Prétendants de Catherine.
Le Capitaine Lagazette.
Mademoiselle de Cardonne.

Ouvrage d'Alexandre Dumas.

LA COMTESSE DE SALISBURY.

6 volumes in-8.

On vend séparément les derniers volumes pour compléter la première édition

Imprimerie de E. Dépée, à Sceaux.

MONT-REVÊCHE

PAR

GEORGE SAND.

3

PARIS
ALEXANDRE CADOT, ÉDITEUR,
37, RUE SERPENTE.

1853

I

I

« Qui sait? écrivait Thierray à Flavien, quelques jours après le départ de celui-ci. — C'est une idée qui n'est pas neuve, mais qui est, et sera toujours ingénieuse. La migraine a été créée pour les femmes qui ne veulent pas se laisser voir. L'entorse a été mise au monde pour les hommes qui ne veulent pas les aller voir : ce sont deux accidents qui n'ont pas besoin de cause, et que personne ne peut nier, parce que personne ne peut les constater ; outre qu'ils n'ont rien de révoltant pour la pensée : l'entorse n'estropie pas plus un homme que la migraine ne défigure une femme, mais l'entorse a cette supériorité sur la migraine, qu'elle dure longtemps, qu'elle peut durer tant qu'on veut, comme se dissiper en vingt-quatre heures. Elle a été inventée à l'usage de l'homme, en ce qu'elle est le moyen d'un plus grand déploiement de force morale.

« En deux mots, j'ai pris cette entorse au château de Puy-Verdon, dans la soirée qui a suivi ton départ, Eveline faisant les yeux doux, la patte de velours et la bouche en cœur à son petit cousin, soit pour rallumer sa flamme, soit pour exciter la mienne. Dans le premier cas, j'ai trouvé le tour commun et ennuyeusement classique. Dans le second, j'ai jugé que j'avais servi assez longtemps de stimulant aux ardeurs du cousin, et qu'il m'était bien permis de prendre un peu de repos, après avoir joué mon rôle et rempli mon office.

« Dans le doute, abstiens-toi, dit la sagesse des nations. Je me suis donc abstenu de retourner à Puy-Verdon ; mais je suis homme de trop bonne compagnie pour ne pas avoir une entorse pour excuse. Quand mon pied sera guéri, si mon cœur ne l'est pas, j'irai voir où en sont mes chances.

« Tu as eu tort, cher Flavien, de me dire par trois fois : *Epouse Eveline !* Ce mot m'a terrifié comme le : *Tu seras roi!* des sorcières de Macbeth. On n'a pas plus tôt l'idée d'épouser une femme qui plaît, qu'on la veut trop parfaite. On s'en dégoûte, parce qu'on devient féroce, on ne lui passe plus rien.

« Moi, je trouvais Eveline ravissante pour le plaisir que je lui demandais, plaisir tout intellectuel, tout poétique et parfaitement innocent. Mais passer de là au projet d'en faire mon amie exclusive, ma compagne pour toujours, c'est trop! c'est tout au plus si, en supposant qu'elle fût une jeune veuve au lieu d'être une jeune fille, j'aurais eu assez de confiance en elle pour vouloir être son amant.

« Ce n'est pas qu'elle soit bien rusée; c'est une vraie coquette de son village. Je ne craindrais donc guère d'être trompé par elle; mais, sans être de force à vous jouer, elle a la manie de jouer avec vous comme avec un éventail, vous fatiguant, vous secouant, vous usant sans cesse. Or, quand on se laisse beaucoup user, on devient si mince qu'un beau jour on vous brise, et à quoi bon se faire mettre en pièces par la main d'un enfant gâté qui ne sait même pas si vous êtes un objet de prix, ou un colifichet de la boutique à 25 sous ?

« Et puis, enfin, mon cher ami, car, en raison de l'intérêt affectueux que tu me portes, je dois m'excuser de n'avoir pas suivi tes bons conseils, je t'avouerai que je ne suis pas assez jeune homme pour m'absorber ainsi dans un papotage de femme. J'aurais besoin d'une bonne créature qui s'occupât un peu de moi, et non d'une merveilleuse qui veut m'occuper toujours d'elle. A défaut de cet idéal, j'avais faim et soif de travailler et d'être seul, ou tout au moins de savoir, si, dans la solitude absolue, je pourrais satisfaire mon besoin de travailler. La première soirée a été maussade. Il faisait du vent; un vent si impétueux qu'il a réussi à faire tourner les girouettes de ton château ; mais comme elles ont cédé de mauvaise grâce, et avec quels cris rauques, avec quelles plaintes lamentables! Cela m'a rendu nerveux comme un chien de basse cour, et j'ai eu de furieuses envies de hurler à la lune toute la nuit. J'ai pensé à madame Hélyette, et quand je me dis que tu l'as peut-être vue, que c'est peut-être elle qui t'a fait me quitter si brusquement, je crains de n'être qu'un pleutre de romancier, bon à raconter les aventures des autres, et incapable d'en avoir une, indigne d'éprouver la plus petite hallucination ! Bref, je n'ai rien vu, j'ai bâillé, j'ai dormi, et le lendemain je me suis éveillé plus *auteur* que jamais, c'est-à-dire plus froid, plus bête, plus laborieux, plus patient qu'une araignée qui fait sa toile dans un coin où il ne passe jamais de mouches.

« A présent, me voilà ranimé et j'écris

avec plaisir et chaleur. C'est qu'à nous autres, qui procédons toujours par la fiction, il faut, pour que notre cœur s'échauffe, que notre imagination s'allume. Une fois lancés dans le monde des rêves, nous acceptons la réalité. Nous nous en rendons maîtres, puisqu'il dépend de nous de l'embellir et de la transformer pour notre usage. Si ma blonde Eveline venait me faire une petite visite dans ce moment-ci, je serais homme à lui faire un bon accueil et à lui dire des choses fort tendres, pour peu qu'elle me permît de garder mes pantoufles et de m'étendre dans mon fauteuil.

» Pendant que je fais ce rêve, Eveline

fait peut-être publier ses bans avec Amédée Dutertre. Mais que m'importe ? Ici, dans ma contemplation égoïste, elle m'appartient beaucoup plus qu'à lui. Je la pose à mon gré, je la pare à mon goût; je la fais parler dans le diapazon que je veux. En vérité, je l'aime beaucoup mieux depuis que je ne la vois plus, et je ne désire même plus la voir, afin de garder ce frais et riant souvenir d'une passion de huit jours sans lendemain.

« Et toi, mon cher Flavien, vas-tu me dire enfin la raison de ton départ ? Songe que je t'aime parce que tu l'as voulu. Tu m'as baptisé ami sincère et même dévoué, le dernier soir que nous avons passé dans ce petit salon de la chanoinesse, d'où je t'écris, ma foi, fort à mon aise, les pieds chauds, la tête pleine et le cœur libre. Puisses-tu m'en dire autant de toi-même !

« Jules T. »

A cette lettre, Thierray reçut, peu de jours après, la réponse suivante :

« Mon cher ami, l'entorse est une des plus belles découvertes des temps modernes et une des plus belles prérogatives de notre sexe. Je m'en suis toujours servi avec succès. Mais ce n'est pourtant qu'un palliatif, et, Dieu merci ! tu n'as pas besoin d'un de ces remèdes énergiques qui coupent le mal dans sa racine. Moi, j'étais dans ce dernier cas ; il fallait, bien loin d'avoir une claudication qui me tînt à portée de me raviser, prendre mes jambes à mon cou et me sauver au plus vite.

« Je connais ta discrétion. Je vais tout te dire, et sans phrases, sans esprit, sans gaîté même, car on on aurait beau rire de soi-même en certaines circonstances, on n'en souffrirait pas moins.

« Voilà trente ans que nous rions ensemble, parlant parfois sérieusement des choses, des hommes et des femmes en général, mais évitant de nous montrer l'un à l'autre tels que nous sommes. Pourquoi cette réserve ou cette affectation? Je n'en sais rien. Je crois qu'il y a eu de ta faute; mais ne revenons pas là-dessus, et puisque tu t'es avisé si tard de mes vrais sentiments pour toi, réparons le temps perdu.

« Connais-moi tel que je suis. Je ne t'ai jamais menti, mais je ne t'ai point tout dit. Je suis ardent, tenace et violent dans mes passions, tu le sais; mais ce que tu ne sais pas, c'est que je suis impressionnable et facile à enflammer comme une jeune pensionnaire. Ici, pour la dernière fois, je te permets de rire, car, en effet, la comparaison est fort plaisante, cette prétention à la sensibilité des fibres, à la délicatesse des impressions, ne s'accorde guères avec ma musculature gauloise et mon masque sculpturalement paisible. Je me sers des expressions que tu as souvent consacrées à la description de mon solide et massif individu.

« A présent, je raconte : trève de moqueries.

« Le lendemain de notre première visite à Puy-Verdon (c'était le jour du clavecin), m'étant assoupi sur un banc, dans le parc, je trouvai une branche de fleurs dans mon chapeau, j'en mis un brin à ma boutonnière, et la première femme que je vis avec une fleur semblable à son corsage, c'était Olympe Dutertre.

« Mes yeux en firent la remarque, les siens aussi. Elle parut cependant fort calme, et moi, comprends-tu que je fis la bêtise de rougir? Quand je te disais qu'il y avait du rapport entre moi et une jeune fille? Je sentis que j'étais écarlate, ce qui devait être fort laid et encore plus ridicule; mais enfin, j'avais le feu au visage, et le sang me montait si bien à la tête, qu'un instant j'en eus la vue obscurcie. Mais quand ce nuage se dissipa, je vis que la femme froide et pâle dont j'essayais, malgré mon apoplexie, de bien pénétrer le regard, était devenue tout aussi rouge que moi, et que ses yeux, après avoir rencontré les miens, s'en détournaient avec une sorte de terreur ou de honte.

« Tout cela fut l'affaire d'un instant, et ne fut remarqué, peut-être, que par le jeune Dutertre, qui a l'innocente ou dangereuse habitude de regarder beaucoup sa jeune tante, et qui en est, si je ne me trompe, éperduement épris.

« Si j'étais un romancier comme toi, je dirais ici que cette rougeur contagieuse et ce regard échangé avec madame Dutertre *décidèrent du reste de ma vie.* Mais comme je sais que quand tu mets ces choses-là dans tes livres, tu n'en penses pas un mot, je m'en priverai, et me bornerai à dire qu'ils décidèrent du reste de ma semaine.

« Aussitôt que je pus approcher de madame Dutertre sans être surveillé, je lui demandai pourquoi elle préférait les fleurs d'azalée aux autres fleurs, et nous eûmes une suite de propos, interrompus fort habilement de sa part, fort lourdement, mais obstinément renoués de la mienne. Enfin, elle fut forcée de me comprendre, tressaillit singulièrement, et garda le silence en détournant la tête. Je pris sa main ; elle se retourna vers moi d'un air étonné : je le fus plus qu'elle, en voyant qu'elle avait la figure couverte de larmes.

« Thierray, je n'aime pas les larmes, j'en ai vu beaucoup. Mais celles-là, je t'assure, étaient de vraies et belles larmes, de celles qu'on ne retient pas parce qu'on ne les sent pas couler, de celles que l'homme qui les cause voudrait essuyer avec ses lèvres.

« Je sentis ma faute. J'avais été brusque, presque emporté dans mes questions. Je baisai sa main avec ardeur. Elle ne la retira pas trop vite et me répondit par ces paroles : « Vous devez me trouver bien faible et bien nerveuse de m'affecter d'une si petite chose. Un instant, j'ai cru que cette fleur, pareille à celle que je porte aujourd'hui, vous avait été mystérieusement donnée dans l'intention de m'attirer l'outrage de quelque soupçon. Mais je vois bien que c'est l'effet d'une innocente plaisanterie ou du hasard tout simplement. »

« — Vous croyez, lui dis-je, que le hasard fait tomber des branches de fleurs, fraîchement coupées avec des ciseaux, dans le chapeau d'un homme qui dort? Je ne vois ici et je ne connais au monde aucun homme qui oserait me faire la mauvaise plaisanterie de m'exposer à commettre une impertinence. Donc, l'espièglerie vient d'une femme, et j'aurais été bien heureux qu'elle vînt de vous.

« — Vous appelleriez cela une espièglerie ?

« — Vous-même l'appeliez tout à l'heure une plaisanterie.

« — J'avais raison, dit-elle ; c'est ainsi qu'il faut prendre une pareille chose. » Là-dessus elle me quitta et ne reparut qu'au bout d'une demi-heure. Elle n'avait plus de fleurs dans son fichu et elle paraissait brisée. Thierray, tu sais que je ne suis pas un fat. Je suis en âge de raison. Je te déclare donc que je ne suis pas du tout persuadé que la fleur d'azalée ait été mise dans mon chapeau par madame Dutertre. Cela n'est conforme ni à son air de décence, ni à l'expérience d'une femme qui n'a rien d'une provinciale écervelée. Sans me casser la tête à chercher qui ce peut être, je consens à croire qu'une des trois petites filles m'a voulu jouer ce méchant tour. Il n'en est pas moins certain qu'une sorte de mystère provenant du fait de madame Dutertre est resté attaché à cette puérile aventure et ne m'a plus permis de la voir avec indifférence.

« Le lendemain, si tu t'en souviens, nous avons chassé avec toute la famille. Attaché aux flancs agiles du cheval qui emportait Eveline à travers bois, tu ne m'as pas vu, dans un moment de dispersion générale, monter sur le siége de la calèche qui ramenait Olympe au rendez-vous, et la conduire, sous prétexte que le chemin était défoncé à un certain endroit dont le cocher ne pouvait s'aviser, à cause d'une petite nappe d'eau qui couvrait la crevasse. Comme nous étions seuls, je remis naturellement mon cheval au cocher, et, poussant les chevaux de la voiture, je me procurai un tête à tête pris au cheveux, pour ainsi dire.

« Je revins adroitement ou maladroitement à l'affaire de l'azalée. « Monsieur, me dit aussitôt Olympe, ne cherchez pas à approfondir cette sotte histoire. Vous me feriez beaucoup de peine, et les conséquences pourraient en être plus graves que le sujet ne paraît le comporter. Croyez de moi tout ce qu'il vous plaira, mais n'accusez personne d'avoir voulu se jouer de vous ou de moi.

« — La plus simple explication franche et naturelle me réduirait pour toujours au silence, lui répondis-je. Si vous craignez de me la donner, c'est que vous me prenez pour un homme sans usage ou sans honneur.

« — Ni l'un ni l'autre, dit elle en me tendant la main avec une douceur adorable. Mais il est des moments de susceptibilité qui exagèrent l'intention ou la portée d'un enfantillage. J'ai eu un de ces mouvements-là hier. Je n'y pense plus aujourd'hui. Soyez assez notre ami pour l'oublier de même.

« Il y avait dans la manière dont elle disait ce mot, *notre ami*, quelque chose de suppliant qui m'alla au cœur. J'aime la femme faible qui demande protection. Je me sentis son ami tout d'un coup. Votre ami? lui dis-je, c'est fait ! Je serais bien heureux de l'être assez pour vous inspirer quelque confiance. Ne pouvez-vous me dire, au moins, pourquoi l'on m'aurait choisi, moi, un étranger, un nouveau venu, pour avaler le poison de cette fleur et pour m'enivrer jusqu'à oser vous en parler?

« — Cela, dit-elle, je le cherche avec vous, et vous jure que je n'en sais rien. Mais ne cherchons pas davantage, je vous en supplie.

« — Mais me défendez-vous de le chercher tout seul? M'est-il possible d'être l'objet d'une coquetterie ou d'une mystification, sans désirer d'en connaître l'auteur, quand l'auteur est une femme, et qu'après vous, toutes celles que je vois ici sont encore très belles ou très jolies?

« — Ah! monsieur! ne croyez jamais qu'aucune de mes filles puisse être assez légère, assez dépourvue de fierté pour faire de telles avances, même à l'homme le plus généreux et le plus sûr.

« — Selon vous, ce serait donc une avance bien compromettante? Prenez garde, si nous venions à découvrir la coupable !

« — Eh bien ! eh bien ! reprit-elle avec angoisse, il faudrait plutôt croire que c'est moi.

« — Vous? hélas, non ! Je vois au blâme que vous exprimez que ce n'est pas vous.

« — Qui sait? un accès de folie ! Vous ne me connaissez pas!... » — En disant cela, d'un air qui voulait être gai, elle eut un sourire si triste, que je me sentis remué une seconde fois jusqu'au fond de l'âme. Je ne sais pas si j'aime les femmes autant que tu me fais l'honneur de le croire; mais j'aime les enfants avec passion quand ils sont doux, beaux et un peu frêles. Eh bien! il y a de l'enfant chez Olympe, quelque chose de craintif, qui m'enivre, parce que ce n'est ni gaucherie, ni timidité. Elle a, au contraire, beaucoup d'usage et tout l'aplomb des convenances. Mais l'âme est effrayée, frémissante; l'œil est d'une colombe qui redoute toujours le vautour. Aussi cet œil chaste vous caresse-t-il malgré lui, et il semble que cette modeste et peut-être froide créature va se faire toute petite et se jeter dans votre sein, non pour se faire aimer peut-être, mais pour se faire défendre ou cacher.

« Je me sentis fort troublé de ce genre de coquetterie involontaire, tout nouveau pour moi, je l'avoue. Cette femme, qui me disait : Prenez garde à moi, je suis peut-être dangereuse et hardie, » de l'air dont elle m'eût dit : « Ne me tuez pas, je suis bien inoffensive et bien poltronne, » s'empara de mon âme ou de mes sens (je n'ai jamais su faire certaines distinctions) d'une manière irrésistible. J'eus un éblouissement plus prononcé que celui de la veille ; je crois que je la pressai presque dans mes bras, que j'étais absurde, qu'elle était pétrifiée d'étonnement, qu'elle me croyait fou, et qu'elle ne se donnait plus la peine de m'écouter, mais qu'elle regardait autour d'elle comme pour voir si son domestique n'était pas à portée de me tenir en respect.

« Il arrivait au lieu où nous étions arrêtés. Je sautai à terre, je remontai à cheval et je m'éloignai fort mécontent de ma sottise, et ne concevant pas que j'eusse été assez brutal et assez mal appris pour effrayer une pauvre honnête femme qui ne songeait qu'à couvrir la pudeur de ses sottes belles-filles du manteau de sa candide générosité.

« Mais que veux-tu que je te dise ? A la honte et au repentir succéda un transport d'imagination dont je ne pus de longtemps me rendre maître. Je m'éloignai dans les bois, je ne reparus que le soir au château; Dutertre et toi vous vous étiez inquiétés de ma disparition.

« Je trouvai moyen d'être si respectueux avec madame Dutertre, qu'elle dut me pardonner. Mais depuis ce soir-là, mon cher Thierray, je n'ai pas fermé l'œil de la nuit jusqu'à celle inclusivement où j'ai quitté le Morvan.

« Tous les jours de la maudite semaine que j'y ai passée, j'ai résolu de rester à Mont-Revêche, tous les jours j'ai été emporté à Puy-Verdon comme par un diable incarné dans ma volonté ; j'ai demandé pardon à madame Dutertre sur tous les tons du repentir et du respect. Tous les jours, en demandant pardon, j'ai fait la nouvelle sottise de dire ou de laisser voir que j'étais amoureux fou. C'était si involontaire qu'elle n'a pas pu m'en vouloir. Elle a continué à être étonnée, à avoir peur, à me regarder avec ses grands yeux de gazelle effarée et suppliante, à me demander pardon de ce qu'elle ne me comprenait pas du tout. Le fait est qu'on aurait juré souvent qu'elle ne m'entendait pas ou ne me devinait pas. Enfin, un soir que, bien malgré moi, je lui donnais le bras avec la rage de le lui donner, et même de casser la figure à quiconque voudrait me l'ôter (oui, tout cela *malgré moi*, je le répète), elle se mit à me parler de son mari avec tant d'admiration et même d'enthousiasme, que je rentrai en moi-même. Qu'avais-je à lui répondre ? Elle a mille fois raison d'estimer son mari, de res-

pecter sa famille et d'aimer son devoir.
Comme je n'ai jamais fait le projet de
la séduire et que j'ai été tout bonnement
surpris par le désir aveugle et involontaire de la surprendre elle-même, je n'avais pas la moindre objection à lui faire,
pas le moindre prétexte à me donner.
D'autant plus que son mari mérite tout
le bien qu'elle en pense et qu'elle en dit.
C'est un des hommes les plus sympathiques que j'aie jamais rencontrés, et il est
certain que je l'aime comme si je le connaissais depuis vingt ans. Mon rôle était
donc d'une stupidité révoltante, et je
n'avais à répondre que ceci : Oui, madame, votre mari est un galant homme,

un ami parfait. L'animal grossier qui songerait à lui enlever sa femme mériterait cent soufflets, et c'est moi qui suis cet animal immonde, n'en déplaise à l'honneur, à l'amitié, à la raison et à la délicatesse.

« Je gardai pour moi la conclusion, je fis *chorus* avec elle sur l'éloge de Dutertre, et je m'en revins à Mont-Revêche, par une soirée pluvieuse, me trouvant fort sot, mais me croyant guéri. Nous avons devisé une partie de la nuit ; nous avons, si tu t'en souviens, parlé de toi, de moi, d'Eveline, de madame Hélyette. J'ai été, je crois, un peu sentimental et assez vertueux. Et puis, je suis rentré dans ma chambre pour me coucher.

« Eh bien ! le diable est après moi, mon cher ami : le premier objet que je trouvai sur ma table, c'est un vase rempli de fleurs d'azalée blanc, les mêmes damnées fleurs qui ont fait tout le mal. Ces fleurs venaient de Puy-Verdon ; elles étaient flétries. On les avait mises dans l'eau où elles commençaient à se relever, mais elles avaient fait une lieue pour venir dans ma chambre, cela était certain.

Encore une nuit blanche ! au petit

jour, je me lève, je vais examiner le jardin, celui de la ferme, toute la végétation à la ronde. Pas un brin d'azalée qui puisse, par la main de Manette, s'être introduit sous mon toit. Je rentre, je vois Manette qui ouvrait les jalousies du salon pour procurer le spectacle de l'aube matinale à son perroquet antédiluvien. Je l'interroge, elle ne sait pas ce que je veux dire.

« Alors la colère me prend. Qu'est-ce donc? Ou madame Dutertre est une coquette atroce à cause de son air candide, ou quelqu'un d'atroce veut la compromettre et la perdre. Dans l'un ou l'autre cas, je ne puis résister plus longtemps. Mon sang est allumé; mon instinct de sauvage me domine, et j'aurai beau me railler et me mépriser, il faudra que je sois ou très coupable ou très ridicule, mécontent de moi-même dans les deux cas.

« C'est alors que j'ai vu entrer dans la cour le nouveau cheval qu'on m'amenait fort à point, et auquel je te prie de laisser le nom que je lui ai donné : *Problème.* J'ai trouvé qu'il trottait assez bien. J'ai pris la fuite. Je ne me suis arrêté qu'à Paris. J'y ai eu une affreuse migraine qui m'a duré trois jours. Mon médecin voulait me saigner ; mais je ne crois pas, quoi qu'il en dise, que l'on ait jamais trop de force : je pense, au contraire, que l'abus qu'on est tenté d'en faire prouve qu'on n'en a pas assez. J'ai fait beaucoup d'exercice, et je me trouve mieux. J'ai bien encore un peu de cette fièvre nerveuse que tu me connais, et j'ai parfois envie de battre quelque passant ; mais je ne bats personne, et j'espère même ne pas battre mon chien. Ecris-moi : parle-moi de Puy-Verdon. Il est possible que la manière dont tu apprécieras tout cela me fasse rire de bonne grâce dans quelques jours.

« Tu trouveras dans le secrétaire de

ma chambre cent billets de banque de mille francs que j'y ai oubliés. C'est le prix de mon patrimoine morvandiot que le notaire de Dutertre m'avait apporté e lendemain de la remise de ma procuration à Dutertre. Je n'en ai pas besoin. Garde-les-moi jusqu'à nouvel ordre, et emprunte-moi tant qu'il te plaira.

« Si c'est Eveline qui m'a mystifié, je le lui pardonne à cause de toi; mais si c'est Nathalie, qu'elle prenne garde à moi, si nous nous retrouvons dans le monde! Je ne sais pourquoi je la soupçonne. Quand une femme bel esprit n'est pas ridicule, elle est infailliblement méchante.

« Adieu, mon ami, j'ai passé la nuit à t'écrire et à me résumer tout en m'agitant. J'ai peut-être eu tort de ne pas rester auprès de toi, tu m'aurais guéri par le raisonnement... Il me prend des envies furieuses de retourner à Mont-Revêche... Mais, décidément, c'est trop près de Puy-Verdon. »

II

II

La lettre de Flavien, qu'on vient de lire, était l'objet d'une grande contention d'esprit de la part de Thierray, et il passa par ces diverses réflexions : « Heureux jeune homme ! quelle riche nature ! Décidément, il est mon supérieur dans la hiérarchie des êtres, comme il l'est selon les préjugés de caste. Comme il s'enflamme, comme il veut, comme il résiste, comme il retombe et comme il triomphe! En huit jours, il oublie une femme perdue, il se passionne pour une femme pure, il le lui dit, il est peut-être au moment de la vaincre, qui sait? Il mord son mouchoir, il ne dort pas, il sent qu'elle est faible, et il part! L'oubli de certains plaisirs, le désir de certaines joies, le triomphe de l'honneur, de la conscience et de la bonté... car il y a de tout cela en lui... et tout cela en une semaine! tandis que, dans le même espace de temps, j'ai oublié d'être amoureux d'Olympe, et je n'ai pas pu me décider à l'être d'Éveline. Allons, Flavien est mon maître, c'est un homme d'action et je ne suis qu'un rêveur !

— Mais qui donc a envoyé ces fleurs qui l'ont fait partir si vite ?

Thierray entra machinalement dans la chambre qu'avait occupée Flavien, se demandant s'il avait laissé ou emporté ce dernier gage d'amour ou de perfidie.

Manette était là, donnant de l'air à l'appartement.

— Monsieur veut quelque chose ? dit-elle.

— Oui, dame Manette. Que sont devenues les fleurs qui étaient ici le jour du départ de M. de Saulges?

— Ah! mon Dieu, dit Manette, encore ces fleurs! Ce sera un tour de madame Hélyette. Elle en fait ici de toutes sortes!

— Expliquez-vous, bonne dame.

— Qu'est-ce que vous voulez que j'explique? je n'y comprends rien. Le jour du départ de M. le comte, il me demande, et même il se fâcha un peu, où j'ai pris les fleurs qui sont sur sa cheminée. Je n'avais pas mis de fleurs, je n'en avais pas vu sur sa cheminée en entrant le soir pour faire son feu. J'ai beau le lui jurer, il me soutient qu'il y en a. Puis, impatienté, il me tourne le dos et quitte le pays. Eh bien! monsieur, je vous jure qu'il a rêvé ces fleurs-là, et qu'il les a vues en imagination, car, après son départ, j'ai tout rangé ici, et le vase que voici était vide.

— Il les a emportées, se dit Thierray à lui-même. Allons! il persiste à croire qu'il est aimé, il croit cela, malgré lui, comme le reste.

Thierray s'approcha du petit vase en

porcelaine craquelée, que lui avait désigné Manette, le prit et l'examina.

— Ne vous tourmentez pas de ces fleurs, Manette ; ce n'est pas la dame au loup, c'est moi qui les avais mises dans ce vase. Elles étaient précieuses... Il est joli, ce petit vase !

Et, en le retournant, Thierray en fit tomber une petite bande de parchemin attachée par un fil à la queue brisée et séchée d'une fleur. Flavien, en prenant le bouquet et en jetant l'eau, n'avait pas aperçu la signature.

« A coup sûr, pensa Thierray qui

s'empara de cette pièce de conviction sans la signaler à l'attention de Manette, c'est une main lourde et maladroite qui a ainsi brisé la base du bouquet. C'est un esprit obtus qui a fait tremper dans l'eau le parchemin que voici, et où il est impossible de rien distinguer. Cela me fait bien l'effet d'être l'esprit et la main de M. Crésus. Il nous accompagnait pour la dernière fois, ce soir-là. Il a pu entrer ici pendant que nous montions au donjon pour chercher le portrait de madame Hélyette. Je le saurai !

Il examina vainement la bandelette mystérieuse. Il y avait eu quelque chose d'écrit, car on distinguait encore le haut d'une majuscule qui pouvait aussi bien être le fragment d'un *O* que celui de toute autre initiale. Impossible de s'assurer du fait.

Alors Thierray alla se rasseoir devant sa table de travail dans le salon de la chanoinesse. Il avait pris ce lieu en amitié, même avec l'unique et triste société du perroquet, qui, au dire de Manette, ne pouvait se souffrir ailleurs que là, où il avait ses habitudes. Mais Thierray essaya en vain de reprendre le fil de sa composition. Il était trop préoccupé de l'aventure de Flavien et de tout

ce qui se rattachait dans cette aventure au souvenir de Puy-Verdon. Alors il se posa le problème que ni lui, ni Flavien, ni bien d'autres n'eussent pu résoudre :
« Qu'est-ce donc qu'Olympe Dutertre ? une fée, une folle, un ange, une coquette ou une bête ?

« Flavien ne perd pas son temps à se demander tout cela, pensa-t-il, et le seul *problème* qu'il ait cherché à résoudre en fouettant le cheval auquel il a donné ce beau nom, ç'a été de savoir s'il était aimé ou s'il ne l'était pas. Heureuse et riche nature, encore une fois ! Il ne voit dans une femme que ce qui lui plaît instinctivement : la douceur et la grâce, et il ne lui demande pas autre chose que d'être le type qu'il aime en général. Il n'épluche pas comme moi les qualités et les défauts qui tombent sous l'analyse. Ah ! que j'envie ses ivresses et ses souffrances ! »

En rêvant ainsi, Thierray se sentit de plus en plus dégoûté d'Eveline, comme d'un type compliqué, comme d'une nature incomplète ou illogique dont l'étude augmentait en lui la manie vaine, écœurante et fatigante de tout passer au tamis ou au laminoir. Il éprouva le besoin impérieux de n'y plus songer.

Madame Dutertre absorbait sa pensée.
Le portrait que lui en traçait Flavien,
ébauche un peu grossière, un peu barbare, appréciation sans délicatesse, mais
assez brûlante dans sa naïveté, se posait
dans son souvenir comme une Isis voilée
qu'il avait oublié, négligé ou dédaigné
d'observer. Et, tout en se détachant
d'Eveline comme d'une fatigue d'esprit,
il s'en créait une autre plus grande encore, en voulant pénétrer une destinée
beaucoup plus problématique, un cœur
beaucoup plus impénétrable.

« Cette lumière mystérieuse m'était
apparue pourtant, se disait-il. Quand

j'ai vu cette femme à Paris, j'y ai pensé huit jours, quinze jours peut-être. Elle m'avait frappé comme étrange dans son mélange de réserve et d'abandon. Je riais, je persifflais quand je la couvrais d'antithèses en la dépeignant à Flavien ; mais, au fond de nos plaisanteries sur nous-mêmes, il y a toujours quelque chose de vrai. J'étais, sinon amoureux, du moins tout disposé à l'être, et je ne venais pas ici seulement avec l'intention de chasser et le besoin de prendre l'air : il y a bien, au fond de ces bois, un parfum d'aventure qui m'attirait.

« Si j'avais suivi mon premier instinct,

je serais peut-être aujourd'hui amoureux comme Flavien. Être malheureux comme lui, c'est-à-dire être sûr de mon propre penchant! Avoir à combattre en moi-même une volonté bien prononcée, bien impétueuse, ce serait un bonheur que d'autres passions m'ont donné et que j'attends encore de l'amour. Je ne fuirais pas comme lui, je souffrirais, j'existerais... au lieu que je m'ennuie!...

« Flavien renonce à elle, il a raison. Il a eu avec Dutertre des relations d'argent où ce dernier s'est montré si bon voisin, on pourrait même dire si bon ami, qu'il serait grossier de faire sous ses yeux la cour à sa femme. Et puis Flavien est de ces hommes qui ne savent pas attendre, et qui vont tout de suite aux derniers périls, sauf à s'en repentir le lendemain; moi, je ne me sens pas si attaché à Dutertre, et d'ailleurs je n'ai pas besoin d'un drame, j'aimerais mieux un poëme. Il n'y a que les fats et les sots qui résolvent la chute d'une femme et le désespoir d'un mari. L'homme d'esprit marche devant lui à l'aventure, cueillant ce qu'il rencontre, fleurs ou fruits, ne songeant à ruiner, à dépouiller personne, profitant de la vie et n'abusant de rien. Or, comme il n'y a de crimes véritables que ceux qui sont prémédités, l'homme d'esprit peut et doit être heureux, sans danger de faire le malheur des autres. »

Ayant ainsi entassé beaucoup de sophismes à son usage, cet esprit plus souple que rigide s'abandonna à une fantaisie nouvelle, après avoir réduit tous ses scrupules au silence. « Mon entorse sera guérie ce soir, » dit-il en donnant un coup de pied au coussin que la crédule Manette arrangeait tous les matins sous son bureau.

Et comme il faisait à grands pas le tour du salon, il vit devant lui, à la hauteur de la fenêtre, la figure à la fois simple et narquoise de M. Crésus, qui, du dehors, le regardait marcher avec admiration.

Ce n'était pas la première fois que, d'un air de commisération officieuse et sous divers prétextes, le page d'Eveline venait espionner la démarche de Thierray. Ce dernier se voyant pris en flagrant délit, ne chercha plus à dissimuler.

— Bonjour, monsieur Crésus, lui dit-il en allant droit à la fenêtre. Vous engraissez, riche Crésus, vous avez le teint fleuri. Je ne vous demande donc pas de vos nouvelles. Vous en pourrez donner de bonnes sur mon compte, si par hasard on vous en demandait à Puy-Verdon. Je marche comme un chevreuil depuis ce matin.

— C'est ce que je vois, monsieur, dit Crésus de son air lourdement rusé. Par bonheur, monsieur! car vous aviez l'air de diantrement souffrir l'autre jour, et je parie que vous vous êtes bien ennuyé de boiter comme ça si longtemps.

Si Crésus eût été dans le salon, ou Thierray dans la cour, ce dernier eût été fort tenté de lui montrer combien son pied était guéri. Par bonheur pour Crésus, celui-ci ne présentait à la fenêtre du rez-de-chaussée que son visage.

— Monsieur Crésus, répondit Thierray, en lui soufflant au nez une bouffée de cigare qui le fit reculer, j'ai toujours remarqué combien vous étiez d'un naturel judicieux. Cependant vous faites quelquefois des sottises.

— Ah! dam! peut-être bien, monsieur.

— Savez-vous lire, jeune Crésus?

— Ma foi, non, monsieur.

— Quoi! ignorant, vous ne connaissez pas seulement vos lettres?

— Ma foi, non, monsieur, répéta Crésus, embarrassé et honteux.

— Alors, je ne m'étonne plus du mépris que vous faites des étiquettes de plantes qu'on vous confie. Vous les trempez dans l'eau avec le bouquet, et vous croyez qu'on peut lire le nom d'une fleur quand vous l'avez fait baigner pendant vingt-quatre heures dans un vase comme celui-ci?

Thierray montrait à Crésus le vase

de porcelaine craquelée et l'étiquette de parchemin qu'il en avait retirée.

— Dam! monsieur, dit Crésus pris au dépourvu, je n'avais pas fait attention à ce petit papier-là. C'était donc le nom de la fleur?

— Qu'est-ce que vous voudriez que ce fût, je vous le demande? Voyons, pouvez-vous me le dire, ce nom?

— Pardié! monsieur, ils appellent ça de l'azalée.

—Voyez? sans vous, pourtant, je n'en

saurais rien. Et quand la personne qui vous en avait chargé saura que vous avez apporté cette plante avec si peu de précaution qu'elle était méconnaissable...

— Ah! pour ça, monsieur, j'avais pourtant mis bien proprement le bouquet dans mon chapeau, dit Crésus.

— Pauvre Flavien, qui le porte peut-être sur son cœur! pensa Thierray.

— Madame vous grondera, continua-t-il, de prendre si peu de soin des fleurs rares qu'elle envoie à des amateurs.

— Oh! pardié, monsieur, elles ne sont

pas rares chez nous. Il y en a plein le jardin, de ces fleurs-là, et je vous en apporterai tant que vous voudrez. D'ailleurs, ça n'est pas madame qui m'en avait chargé.

— Alors, c'est mademoiselle, et c'est la même chose.

— Eh bien! monsieur Thierray, il ne faudra pas le lui dire : elle me gronderait.

— Vous êtes un ingrat! mademoiselle Caroline ne gronde jamais personne.

— Oh ! ça n'est pas mademoiselle Caroline qui m'avait commandé...

— Non, non, la langue m'a tourné : j'ai voulu dire mademoiselle Nathalie.

— Ça n'est pas encore ça, dit Crésus.

— C'est donc mademoiselle Eveline ? s'écria Thierray stupéfait et mortifié au dernier point.

— Ma foi, monsieur, je crois que vous me tirez les vers du nez, dit Crésus avec audace ; mais ça m'est égal. Si vous dites à mam'selle Eveline que j'ai éventé la mèche, j'éventerai la vôtre, moi! Je dirai que vous *lui avez boudé,* et que vous n'avez pas eu plus d'entorse qu'*elle n'en a ni moi non plus.*

Thierray eut envie d'allonger d'un mètre les rouges oreilles du page effronté de Puy-Verdon; mais il se contint et prit le parti de rire de l'aventure.

— Bien répondu, dit-il; et pour ta peine, voilà une pipe montée en argent qui te fera honneur dans le monde.

Thierray avait fort bien lu dans les yeux du groom l'objet de sa convoitise.

Crésus reçut la pipe, la retourna, la mit dans sa bouche, rit, et cligna de l'œil, avec la joie naïve d'un sauvage.

— On n'a jamais rien vu de si beau! dit-il, et je ferai payer trois sous à tous ceux qui me demanderont de *fumer dedans*.

— C'est le moyen de vous faire un joli revenu. Mais je suis encore plus généreux que vous ne pensez, Crésus ; je vous garderai le secret auprès de mademoiselle Eveline, et je vous autorise à lui dire le mien. Confessez, de ma part, que je ne boite pas et que j'irai ce soir à Puy-Verdon.

— Ah bien! monsieur, ça lui fera plaisir, parce qu'elle s'ennuie bien, vrai! Voyez-vous, quand mam'selle Eveline n'a personne à faire bisquer...

— Oui, oui, elle ne peut se passer de moi, je comprends cela. Cependant, vous lui restiez, Crésus!

— Oh! moi, ça n'est pas la même chose, je ne saurais pas trouver toutes les bêtises que vous lui dites pour la faire rire. Il y a bien M. Amédée qui lui en dit pas mal aussi, mais elle ne le trouve pas moitié si drôle que vous. D'ailleurs le v'là parti.

— Parti ? Amédée est parti ?

— Oh ! pas pour longtemps. Pour trois ou quatre jours ; il accompagne madame et mademoiselle Caroline, qui vont voir une dame à Nevers. Ils seront tous revenus lundi.

— Ainsi, madame Dutertre n'est pas à Puy-Verdon ?

— Non, monsieur ; depuis ce matin, il n'y a plus personne à la maison, que Monsieur et les deux autres demoiselles.

— Crésus, dit Thierray, vous aimez

les pipes, mais que diriez-vous de cette poche à tabac de maroquin brodé en or ?

Les yeux de Crésus s'arrondirent, il rougit, tendit la main, balbutia, et resta penaud quand Thierray lui retira l'objet qu'il croyait déjà tenir.

— Il faut la gagner, dit-il. Vous direz à toute la maison de Puy-Verdon que mon pied est fort malade, que je souffre horriblement, et que j'en ai encore au moins pour trois jours.

— Oui, monsieur, ça n'est pas malaisé à dire.

— Mais comme je suis de plus en plus généreux, je ne veux pas vous condamner à faire un mensonge à votre jeune maîtresse. Vous direz donc à mademoiselle Eveline, à elle seule, entendez-vous, que je n'ai jamais eu d'entorse *plus qu'elle n'en a, ni vous non plus.*

— Tiens! tiens! c'est pour la faire enrager! dit Crésus en riant d'un air agréable. Pardié! c'est bien fait, puisqu'elle est si maligne avec vous. Dam, elle a tort pourtant! vous seriez un aussi joli mari qu'un autre pour elle, si vous étiez tant seulement un peu riche!

— Il n'est pas donné à tout le monde

d'être Crésus, répondit Thierray en riant. Allons! détale, fais ma commission; et, si elle est bien faite, lundi je te comble de mes bienfaits. En route!

Crésus tourna lestement les talons. Thierray le rappela.

— Sous quel prétexte es-tu venu ce matin? lui dit-il.

— Sous quel quoi? dit Crésus, que le mot de *prétexte* intrigua visiblement.

Thierray s'expliqua mieux, et le groom répondit:

— Pardié! monsieur, j'ai fait semblant d'avoir oublié ici, l'autre jour, le licol de mon cheval.

— Comme tu avais fait semblant l'autre jour d'avoir oublié quelque chose aujourd'hui? Allons! va au diable. Je te permets de revenir m'espionner. Mais prends garde à une chose. Le jour où cela m'ennuiera, regarde bien! je ferai comme cela. Et Thierray fit une grimace terrible.

— Ça voudra dire... répondit le groom avec un geste expressif du pied et de la main.

— Précisément, jeune homme plein d'avenir que vous êtes, et je rosse bien. Prenez-y garde.

— On s'en souviendra, dit Crésus, et il disparut.

Thierray se remit à son bureau et écrivit ce billet :

« Vivent les femmes, mon ami! nous ne serons jamais que des *créjusses* auprès d'elles. Le bouquet d'azalée que tu as probablement mis sous verre est une attention d'Eveline Dutertre à ton adresse. Changeons! adresse-lui tes vœux, et permets-moi d'adresser les miens à Olympe qui, pour le moment, court les grandes routes avec son jeune neveu, pour se consoler de ton absence. »

Thierray, plein de dédain pour les dames de Puy-Verdon et pour toutes les femmes en général, se trouva disposé à faire les vers qu'il avait promis à Nathalie. Il lui écrivit avec une prodigieuse rapidité une épitre en vers libres qui ne contenait pas moins de quatre cents lignes rimées, serrées sur dix feuillets de petit vélin. C'était une critique facile, rieuse, mais non blessante, de l'astuce féminine sous toutes ses formes. Thierray n'était pas méchant, et jamais le dépit ne l'avait rendu cruel. Ombrageux et susceptible, il se piquait aisément au jeu, mais sa générosité naturelle et le sentiment de sa force l'empêchaient d'être vindicatif. Il n'y avait donc, dans cette satire, aucun trait accusé contre Eveline ou madame Dutertre. Il en fit la moitié de midi à six heures, l'autre moitié de huit heures à minuit. Puis se sentant fatigué et un peu assoupi, il plia, cacheta et mit l'adresse, après quoi il porta le paquet sur un buffet d'antichambre où Gervais prenait chaque jour les envois destinés à être remis au

piéton, à l'heure matinale de sa tournée.
Thierray revint à son bureau pour ranger ses papiers; mais, rêveur et fatigué, il appuya ses coudes sur la table, son front sur ses mains, écouta machinalement le grillon qui chantait dans la cheminée, et tomba insensiblement dans cet état de l'âme et du corps, qui n'est ni la veille ni le sommeil.

III

A différentes reprises, Thierray, au milieu de ce demi-sommeil qui n'était pas sans charmes, crut entendre quelques bruits inusités dans la maison. Il ne s'en inquiéta pas d'abord. Il n'y avait pas de chien de basse-cour à Mont-Revêche; la maison était si bien fermée, par sa propre construction, qui n'avait d'issues que sur la cour intérieure; le mur qui reliait les trois façades était si solide, si élevé et clos d'une porte si massive, qu'il était à peu près impossible de s'y introduire, soit furtivement, soit de vive force. Gervais et Manette, gardiens et serviteurs du manoir, ne s'étaient jamais endormis une seule fois, depuis trente ans, sans donner le tour de clef à la serrure et assujettir avec soin la barre de fer transversale, outre le signe de croix qui devait également les préserver de la visite de madame Hélyette et de celle des voleurs.

Le domestique que Flavien avait confié, c'est-à-dire donné à Thierray, mais dont celui-ci était résolu à se débarrasser comme d'un luxe inutile aussitôt qu'il serait décidé que Flavien ne reviendrait pas, couchait dans une chambre basse attenant à l'écurie. Ce domestique se nommait Forget, il était fidèle, tranquille et ne croyait pas aux esprits.

Thierray ne croyait ni aux esprits, ni aux voleurs. Il prétendait n'avoir jamais eu assez d'imagination pour réussir à évoquer les uns, jamais assez d'argent pour mériter d'attirer les autres.

Néanmoins une sorte de frôlement

qu'il crut entendre pour la seconde fois dans les corridors, un bruit vague de portes ouvertes qui pouvait bien n'être que celui d'une jalousie agitée par le vent, mais qui pourtant réveillèrent tout à fait Thierray, firent venir à son esprit la pensée qu'il avait en garde cent billets de banque de mille francs, et que, pour la première fois de sa vie, il ne pourrait rire au nez des voleurs désappointés. Il releva la tête, se frotta les yeux et se trouva dans une quasi-obscurité.

Pendant qu'il s'était assoupi, sa lampe, à bout d'huile, s'était éteinte, et le feu de la cheminée, dont la flamme était épuisée, n'envoyait plus que les vagues et rougeâtres clartés de la braise aux plans les plus rapprochés de l'âtre.

Thierray se leva, chercha à tâtons des allumettes, et, n'en trouvant pas, il approcha de la cheminée, résolu d'aller explorer la maison aussitôt qu'il serait muni d'une lumière.

Il venait de se baisser vers le foyer, lorsqu'il entendit frapper à la porte du salon trois coups bien distincts, qui semblaient produits par le pommeau métallique d'une cravache ou d'une canne légère.

— C'est Flavien qui arrive, pensa-t-il.

Et, sans se donner le temps de s'arrêter à cette idée plus qu'à toute autre, il répondit instinctivement et d'une voix assurée : *Entrez!* tout en continuant d'allumer la bougie qu'il avait prise sur la cheminée.

On ouvrit. On entra sans rien dire, et même avec une certaine précaution. Thierray, enfin muni d'une lumière que l'humidité avait rendue lente à s'enflammer, se releva en disant :

— Qui est là ?

On ne répondit pas, et Thierray, qui, en ce moment, était debout, sa bougie à la main, prêt à se retourner, tenant peut-être à honneur de ne pas trop presser ses mouvements, car il éprouvait, en dépit de lui-même, une certaine émotion, sinon de crainte, du moins d'étonnement et de méfiance; Thierray, qui se trouvait tourné vers la glace de la cheminée et qui eut l'instinct d'y jeter les yeux, vit derrière lui, vers le milieu de l'appartement, une forme étrange, vague, mais qui semblait être, dans cette glace ternie et faiblement éclairée, le portrait de madame Hélyette détaché de la muraille.

— Oh! oh! se dit Thierray, presque joyeux du malaise qu'il éprouvait, une hallucination! Enfin, je saurai donc ce que c'est!

Il posa la bougie sur la cheminée, regarda encore l'apparition, la trouva plus distincte; et, convaincu qu'il était le jouet d'un phénomène d'imagination ou de vision fort curieux à constater sur lui-même, il eut le sang-froid d'allumer une seconde bougie, de la poser à l'autre bout de la cheminée et de se retourner avec beaucoup de lenteur et de calme apparent.

Madame Hélyette était debout et immobile devant lui, à six pas de lui.

— C'est bien cela! dit tout haut Thierray, immobile aussi et un peu paralysé des jambes, mais encore parfaitement maître de sa volonté, quoiqu'il parlât à son insu. — L'amazone, le chapeau, la plume, le masque, la cravache, rien n'y manque.... les cheveux blonds comme ceux d'Eveline, le menton jeune, le col élégant. Bien! je vous vois.... encore, toujours.... Ne vous effacez pas!

En ce moment, Thierray s'aperçut qu'il parlait haut, et le son de sa propre voix l'effraya.

— Cela rend plus malade qu'on ne le

pense, se dit-il en faisant un effort pour ne pas articuler sa pensée avec les lèvres. Peut-être que cela rend fou. J'en ai assez.

Il ferma les yeux un instant, jugeant que lorsqu'il les rouvrirait le fantôme serait dissipé. En s'abstenant ainsi de sa propre vision, il pensa à ce qu'il ferait si elle persistait et reprit courage.

— Non, je ne suis pas fou, se dit-il, je me rends parfaitement compte d'un phénomène dont j'ai beaucoup entendu parler, que j'ai toujours désiré d'éprouver par moi-même, quoique je ne m'en crusse pas capable, et, à présent que je le subis, il serait regrettable de ne pas le subir aussi complet que possible.

Ainsi armé contre sa propre faiblesse, il rouvrit les yeux. La dame au loup était toujours là, seulement elle s'était un peu éloignée vers le fond de l'appartement et ne recevait plus autant de lumière.

— Cela tend à se dissiper, pensa Thierray. Voyons, allons vers le spectre !

Il essaya ; mais ses jambes lui refusèrent le service. Autant son cerveau était libre et fort, autant son corps était engourdi et glacé.

— Je ne voudrais pas m'évanouir, pensa encore Thierray, je ne me rendrais plus compte de rien. Voyons, puisque j'ai au moins la parole libre, évoquons ma propre fantaisie par ma propre volonté.

— Approchez-vous, cria-t-il au fantôme, je vous l'ordonne, et ôtez votre masque, je veux vous voir.

Le spectre fit un signe négatif.

Soit que l'effort de la volonté eût grandi son courage d'une manière peu commune, soit que le geste du fantôme eût pris une apparence de réalité surprenante, Thierray sentit ses pieds se déclouer du marbre du foyer, et il marcha droit au fond du salon, en disant d'un ton presque enjoué :

— Eh bien ! je vous l'arracherai, votre masque !

Le spectre recula et fit légèrement le tour du salon poursuivi par Thierray dont les jambes n'étaient pas parfaitement libres, mais dont la volonté s'augmentait, en voyant l'apparition tendre à lui échapper. Ce mouvement éveilla le perroquet qui s'écria d'une voix plus distincte et plus sinistre que de coutume : *Mes bons amis, je vais mourir !* Un cri d'effroi partit du gosier de madame Hélyette et elle tomba comme défaillante sur un fauteuil.

Thierray, convaincu alors qu'il était mystifié par une personne bien vivante, s'élança vers elle et la saisit par le bras. Il ne croyait plus avoir affaire à un fantôme produit par son cerveau; cependant il s'était fait un tel combat en lui-même que, si, au lieu d'une créature palpable, il n'eût saisi que le vide, il fût tombé évanoui, peut-être mort.

Un éclat de rire lui répondit, le masque tomba : c'était Eveline, revêtue d'un costume tout à fait semblable à celui du portrait de la défunte, coiffée de même, et belle à ravir dans cet accoutrement qui semblait avoir été inventé pour elle.

— Je suis content de vous, brave chevalier ! lui dit-elle en lui tendant la main avec un effort d'assurance qui trahissait une assez vive émotion. C'est affaire à vous d'affronter les choses surnaturelles, et vous pourrez maintenant défier la véritable dame au loup de vous faire reculer d'un pas. A votre place, je n'aurais pas fait si bonne contenance, car il a suffi de votre affreux perroquet, dont je connaissais pourtant bien la monomanie, pour m'effrayer au point de me faire oublier mon rôle.

— Avant de répondre à vos agréables plaisanteries, dit Thierray, dont une sueur froide baignait encore les tempes, et qui se sentait porté à l'humeur beaucoup plus qu'à la joie, voulez-vous bien me permettre de vous demander, mademoiselle, comment il se fait que vous soyez ici ?

— Que vous importe? répondit Eveline piquée de ce ton glacial. J'y suis, cela ne regarde que moi.

— Pardon! cela me regarde beaucoup aussi. Je ne veux pas être responsable devant l'opinion et devant vos parents des conséquences d'une démarche aussi étrange de votre part.

— Rassurez-vous, monsieur, dit Eveline tout à fait blessée, votre réputation ne sera pas *compromise* par ma visite. Personne n'en saura rien.

— Excepté le fidèle Crésus qui vous

a accompagnée ici, et celui des domestiques de Mont-Revêche qui vous a ouvert la porte?

— Forget, qui est maintenant à votre service, a été naguère au mien. Il connaît la pureté de mes intentions, il m'est dévoué et il est incorruptible. Quant à Crésus, c'est un enfant qui n'entend pas plus malice que moi à une plaisanterie, et dont je suis assez riche pour payer le silence. Etes-vous tranquille?

— Pas le moins du monde. Dans huit jours, tout le pays saura que, pour se donner l'amusement bizarre de faire peur à M. Thierray sous le masque de la dame au loup, mademoiselle Eveline Dutertre est venue seule le trouver au milieu de la nuit.

— Vous rêvez, personne ne le saura. Crésus est bavard quand il ne risque rien à l'être ; mais, quand il s'agit de ses intérêts, le paysan morvandiot se laisserait mettre à la torture. D'ailleurs, je nierais effrontément ; vous aussi, je l'espère ; mes parents n'y croiraient jamais, et Crésus passerait pour fou. A présent, voulez-vous avoir l'obligeance de me faire du feu ? je suis transie de peur et de froid.

Il était bien impossible à Thierray de refuser les soins de l'hospitalité à sa belle visiteuse. Il ralluma le feu, approcha un fauteuil où Eveline s'assit, et lui, tisonnant, les genoux pliés devant l'âtre, regardant malgré lui le joli pied qu'elle allongeait sur les chenets, il continua à la morigéner en l'interrogeant.

— Pourquoi dites-vous que vous avez eu peur, vous qui poussez la hardiesse jusqu'à l'extravagance ?

— Je n'ai peur ni des bois pendant la nuit, ni de la solitude dans la campagne, car c'est être seule que d'être avec Crésus. Je n'ai pas même été effrayée de la folie de mon entreprise. Mais j'ai eu peur dans les corridors de votre manoir fantastique, aussitôt que je me suis trouvée seule dans l'obscurité, tâtonnant les murs et cherchant les portes. Je savais que vous étiez toujours dans ce salon jusqu'à deux ou,trois heures du matin. Je m'en étais assurée en envoyant Forget regarder à travers les fentes de la jalousie. Mais pendant cette exploration, l'idée m'est venue que, comme dans l'histoire de la *Nonne sanglante*, la véritable Hélyette allait m'apparaître et me montrer sa figure brûlée pour me punir d'avoir osé la contrefaire.

Là-dessus Eveline se mit à rire avec autant de tranquillité que si elle eût été dans le salon de Puy-Verdon, sous l'œil de ses parents.

Thierray fut stupéfait de tant d'audace. Était-ce excès de candeur et d'ignorance, ou habitude de dévergondage ?

Résolu de s'en assurer, bien qu'également résolu à ne pas en profiter, Thierray, la regardant fixement, lui demanda où était Cresus.

— Dans le bois le plus proche, avec

mes chevaux, répondit-elle, et parfaitement caché dans le fourré.

— Et Forget?

— Dans sa chambre ; je lui ai ordonné de se recoucher, et quand je vais sortir, c'est vous qui, sans bruit, refermerez vos portes.

— Mais comment êtes-vous sortie de Puy-Verdon?

— Oh! cela, rien de plus facile. Dans une habitation si vaste, et où rien ne me résiste, il suffisait que Crésus fût avert que les chevaux fussent prêts et conduits dehors à une certaine heure, que j'eusse certaines clefs, et que tout le monde fût endormi. Je suis partie à une heure du matin... Et, tenez, il n'est pas deux heures : nous sommes venus vite, malgré les ténèbres.

— Et comment rentrerez-vous ?

— A dix heures, comme à l'ordinaire. Je sors souvent avec le jour, et je ne *m'afflige* pas toujours de la société d'Amédée. Crésus ou tout autre laquais m'accompagne souvent le matin ; les premiers palefreniers qui se lèveront se diront que je suis sortie apparemment un peu plus tôt que de coutume. J'ai tant de fantaisies qu'ils ne s'étonnent jamais de rien. Les premiers bûcherons qui me rencontreront dans les bois à l'aube du jour se diront que je viens de me lever. Ce ne sera pas la première fois que j'aurai été debout aussitôt qu'eux, et ceux qui me verront rentrer ne sauront pas si je suis dehors depuis deux heures ou depuis douze. Mon père, qui commence à devenir féroce, me dira peut-être que je me fatigue trop, et qu'il ne veut plus que je sorte sans lui ou sans son neveu, qui est une véritable bonne d'enfants. Qu'est-ce que cela me fera, du moment que j'aurai réalisé ma fantaisie d'aujourd'hui? Demain, j'en aurai quelque autre qu'il n'aura pu prévoir.

— Ainsi, mademoiselle, dit Thierray, toujours assez froid et attentif, vous allez, pour satisfaire la fantaisie de m'effrayer par l'apparition d'un spectre, errer dans les bois, par une nuit très froide, depuis deux heures du matin jusqu'au lever du soleil? Et, encore après, en dépit d'une nuit sans sommeil et sans abri, vous continuerez à chevaucher jusqu'à dix heures, pour ne pas éveiller de soupçons? C'est payer un peu cher un si court et si fade amusement.

— Il se peut que le plaisir ait été médiocre pour vous, répondit-elle ; mais, pour moi, il a été complet. D'abord, j'ai eu un peu peur moi-même, émotion sur laquelle je ne comptais pas; car je suis aussi sceptique que vous prétendez l'être. Mais je crois que nous ne le sommes ni l'un ni l'autre; car, si vous n'avez pas eu peur, vous avouez du moins que vous avez cru voir un revenant. C'est d'autant plus brave de votre part. Ne vous en défendez donc pas ; car cela vous élève beaucoup dans mon estime.

— J'en suis très flatté, mademoiselle, mais je ne mérite peut-être pas votre admiration. Il se peut bien que je vous aie reconnue tout de suite. Il se pourrait aussi qu'après avoir causé avec l'habile Crésus dans la matinée, j'eusse pressenti vos projets et attendu votre visite.

Eveline fut un instant confuse, inquiète surtout de la discrétion de son page; mais elle se remit par la moquerie et la coquetterie, comme elle faisait toujours.

— Je n'en crois rien, répondit-elle. Si vous m'eussiez attendue, j'aime à croire que je n'eusse pas trouvé la porte fermée et que vous eussiez dispensé Forget de veiller pour être prêt à me l'ouvrir.

— Non, mademoiselle, reprit Thierray, toujours plus sévère à mesure qu'il se croyait plus provoqué, j'espérais que vous n'auriez pas le cœur de mener à bout une pareille absurdité.

— Moi, monsieur, j'espérais, dit Eveline en se levant avec une dédaigneuse insouciance, que l'aventure tournerait autrement, que vous auriez moins de courage, que je traverserais ce salon sans vous arracher une parole, que je sortirais masquée et inconnue comme j'étais entrée, et qu'un de ces jours vous viendriez nous raconter votre aventure avec un peu d'embellissement, comme les poètes en mettent toujours dans leurs narrations. Au lieu de cela, vous avez été téméraire et moi stupide. Le cri d'un perroquet m'a fait crier, vous avez reconnu ma voix; vous menaciez de m'ôter mon masque : je ne laisse pas volontiers porter la main sur moi, et j'ai dû paralyser la vôtre en vous montrant mon visage. A présent tout est dit, bonsoir. Ouvrez-moi les portes.

— Vous croyez, dit Thierray, que je vais vous laisser passer la nuit dehors à la belle étoile?

—Vous parlez d'étoiles ! C'est une métaphore ! dit-elle en riant. Il pleut à verse !

En effet, on entendait les gouttières s'épancher à flots sur les pavés de la cour.

—Vous voyez donc bien, dit Thierray, que vous êtes forcée d'attendre ici que le départ soit possible, que la nuit touche à sa fin. Ce ne sera pas avant trois heures d'ici, je vous en avertis. Vous voilà forcée d'avaler la coupe d'imprudence et de danger que vous avez remplie. Je vous déclare que ce n'est pas ma faute. Si on vient à le savoir, je me battrai pour vous, mais je jurerai sur l'honneur à votre père que je ne sais pas du tout pourquoi vous m'avez mis dans cette agréable situation.

Et en parlant ainsi, Thierray alla fermer aux verrous la porte du salon.

— Que faites-vous donc là? dit Éveline déconcertée.

— Je ne veux pas vous exposer à être surprise par ceux de mes domestiques qui ne sont pas dans votre confidence, et si vos parents, s'apercevant de votre absence, s'avisaient de venir vous chercher ici, je veux pouvoir parlementer avec eux avant de vous livrer à leur juste indignation.

Éveline devint pâle, et la peur s'empara d'elle sérieusement.

— Mais non, mais non ! s'écria-t-elle. Il faudrait me cacher !

— Non pas. Je sortirais, j'irais au devant d'eux, et vous ne reparaîtriez à leurs yeux que couverte de ma protection et portant le titre de ma fiancée.

— Vraiment? Les résultats de mon équipée seraient-ils si graves? dit Éveline rougissante, à demi-satisfaite, à demi-honteuse. Je comprends alors pourquoi vous êtes si effrayé des suites de l'aventure.

Et elle lança à Thierray un regard timide et brûlant qui faillit lui ôter le sang-froid dont il s'était armé.

— Oui, j'en suis effrayé, dit-il, en évitant ce dangereux regard : je sais à quoi le soin de mon honneur me déciderait sans hésitation, plutôt que de passer pour avoir séduit une jeune fille et pour lui avoir refusé la réparation de l'honneur. Mais, en vous donnant mon nom, je serais pris d'une mortelle haine pour vos richesses et peut-être pour vous-même, qui m'auriez forcé de les accepter malgré moi, et qui ne m'auriez pas laissé le choix entre mon penchant à ma liberté, et la honte d'un rôle coupable ou ridicule.

Éveline, terrifiée de ce discours, se sentit brisée. Elle retomba sur le fauteuil et fondit en larmes, en s'écriant :

— Ah ! vous ne m'avez jamais aimée,

et, à présent, je ne vous inspire que de la haine !

Thierray fut vaincu. L'amour lui revint au cœur. Il n'est point d'homme assez fort pour de telles épreuves.

IV

IV

— Voyons! dit Thierray en approchant d'Eveline, mais sans toucher un seul pli de son vêtement, parlez franchement, pourquoi êtes-vous venue ici? Etes-vous réellement assez enfant, je devrais dire assez folle, pour risquer votre réputation, votre pudeur, votre honneur peut-être, dans le seul but de me faire un de ces tours de vieux château, que des demoiselles se permettent tout au plus dans leurs propres maisons, à l'égard des plus intimes amis de leur famille?

— Pourquoi dites-vous que je risque mon honneur? dit Eveline d'un ton très fier; car elle sentait qu'en dépit des paroles sévères de Thierray, sa voix émue s'était singulièrement radoucie.

— Vous avez l'habitude, répliqua Thierray, de répondre à des questions par d'autres questions, je le sais; permettez-moi de ne répondre à la vôtre que quand vous aurez répondu à la mienne.

— Eh bien! mon Dieu, dit Eveline, j'ai fait une folie parce que je suis folle, voilà tout le mystère! Mais celle-ci n'est pas si préméditée que vous croyez. Tout cela est arrivé par hasard et sans réflexion. Ce costume, je ne l'ai pas fait faire pour vous. Il y a trois mois que je l'ai et que je le porte quelquefois dans le manège et dans le parc de Puy-Verdon; c'est une fantaisie qui m'a séduite quand je suis venue ici après la mort de la chanoinesse, et lorsqu'il n'était question ni de vous ni de M. de Saulges dans notre vie. Mon père désirant acheter la propriété, voulut tout examiner, même le castel où nous étions venus rarement faire de courtes visites à la vieille dame. Nous montâmes dans le donjon ; Manette nous raconta en détail la légende ; nous voulûmes voir le portrait : le costume me plût ; j'en fis un croquis et j'en commandai un tout de suite. Depuis, vous nous avez parlé plusieurs fois de cette légende ; vous avez même prétendu que M. de Saulges avait vu l'apparition, à preuve qu'il était parti brusquement comme un fou. Je vous ai souvent demandé ce que vous éprouveriez si la dame au loup se montrait devant vous au milieu de la nuit : vous assuriez mourir d'envie de la voir, tout en avouant que vous en auriez grand'peur. Cette idée d'essayer votre courage m'a passé par la tête, j'ai pensé à la faire partager à mes sœurs, ou à Amédée. J'ai craint leur froide raison. Et puis, on vous disait malade. Je ne voulais pas vous tuer, moi! Enfin, aujourd'hui, Crésus m'apprend que vous n'avez jamais eu d'entorse (je m'en doutais bien!), que vous aviez failli venir demain, et puis que, tout d'un coup, vous vous êtes ravisé. Voyant que vous aviez résolu de me faire enrager, j'ai voulu vous rendre la pareille. Je m'ennuyais hier soir. Ma belle-mère est absente, Amédée et Caroline aussi. Mon père est absorbé dans je ne sais quel travail; Nathalie me cache je ne sais quel mystère. Elle s'enferme dans sa chambre, fait des paquets et range des papiers comme si elle allait se marier à mon insu. Une irrésistible envie de me divertir par une excentricité sans pareille s'est emparée de moi. En dix minutes, j'ai organisé ma sortie avec Crésus, et, au coup de minuit, comme tout ronflait sous le toit maussade du Puy-Verdon... mais vous savez le reste. Et en voilà bien trop pour motiver une chose puérile dont vous voulez absolument faire un évènement dramatique. A présent que j'ai répondu, répondez! Où prenez-vous que j'expose mon honneur en venant chez vous? N'avez-vous point d'honneur vous-même? N'êtes-vous pas un homme d'esprit, un artiste, qui se moque des usages, des préjugés, qui ne les respecte que pour la forme, et qui prend d'une façon poétique et chaste les prétendues bizarreries d'une humeur comme la mienne? Est-ce que ce n'est pas, au fond, une grande preuve d'estime, de confiance et même d'amitié que je vous donne en venant ici? Et, si je me suis trompée en osant rire avec vous comme avec mon frère (comme je vais quelquefois rire tout haut aux grands éclats dans le pavillon d'Amédée), cela vous donne-t-il le droit de m'outrager, en me disant que je fais bon marché de mon honneur?-Tenez, vous êtes un pédant, une imagination froide, vous êtes triste, vous êtes vieux! et vous allez me dire que je ne vous connais pas assez pour être si familière, si confiante avec vous! Eh bien! tant pis pour vous, si vous ne pouvez vous faire jeune, innocent, fraternel et fou avec moi pendant une heure ou deux de tête-à-tête, dans des conditions exceptionnelles, à l'insu et par conséquent à l'abri du blâme des méchants et des sots!

Eveline débita tout ceci avec une

grande volubilité, une grande coquetterie, une grande innocence, et avec un mélange de fierté, de franchise, de câlinerie, qui reprirent leur ascendant sur Thierray. Il est bien impossible à un jeune homme, dont le cœur est libre et la tête vive, de recevoir avec indifférence une preuve d'amour si naïvement déguisée en plaisanterie. Il eût été en effet trop froid et trop pédant de vouloir, par l'exigence d'un plus ample aveu, effrayer la pudeur et humilier la fierté d'Eveline. En la grondant davantage, Thierray craignit d'être ridicule. En repoussant les conséquences du danger qu'elle bravait pour lui, il se sentait cruel envers lui-même autant qu'envers elle.

Il se trouva donc tout d'un coup disposé à une grande indulgence pour la faute dont il profitait. Mais, avec l'amour qui revenait, arriva la jalousie, et il fut tout à fait sombre et mordant en lui demandant l'explication des fleurs jetées dans le chapeau de Flavien. Eveline crut qu'il devenait fou et demanda à son tour l'explication de cette demande avec une franchise évidente.

Thierray, ne voulant pas compromettre les autres femmes de Puy-Verdon, éluda la question en disant que la langue lui avait tourné, et que ce n'était pas du chapeau de Flavien, mais de celui de Crésus qu'il voulait parler. Le bouquet d'azalée apporté ici par votre page, était, dit-il, remis par vous à l'adresse de Flavien? Voulez-vous le nier? et la devise qui portait probablement votre signature?

— A présent, j'y suis, dit avec candeur Eveline, qui ne connaissait que ce dernier détail des petites ruses de Nathalie. Eh bien! savez-vous ce qu'il y avait sur l'étiquette? Mais vraiment, s'écria-t-elle en riant, il est impossible que ce soit là la cause du départ de M. de Saulges? Eh bien! il y avait sur ce parchemin, en caractères imités du gothique : « *Hélyette*. »

— Et que signifie cette plaisanterie?

— Elle n'est pas de moi, elle est de ma sœur Nathalie, qui, je le crois, aime votre ami autant que sa gravité le lui permet. Puisque vous êtes jaloux et que vous me forcez à dire le secret des autres, gardez-le en homme d'honneur. Nathalie voudrait être devinée; elle mourrait d'un orgueil rentré si elle était nettement comprise. Elle voulait intriguer M. Flavien pour savoir, je crois, s'il avait le cœur libre, voilà tout; et c'est l'idée qu'elle a eue de se cacher sous le pseudonyme de madame Hélyette qui m'a un peu donné celle de me cacher sous son masque. Me voilà forcée de vous avouer mon peu d'imagination : je ne suis qu'une plagiaire.

— Et dois-je croire, dit Thierray, de plus en plus indulgent, que vous avez pour moi les mêmes sentiments que votre sœur a pour mon ami?

— Thierray, dit Eveline avec une familiarité et une chasteté charmantes, vous êtes trop délicat, vous avez, je crois, quelque chose de trop exquis dans le cœur et dans l'esprit pour vouloir que je réponde à cette question dans la situation bizarre où je suis venue me jeter vis-à-vis de vous. C'est alors que je mériterais vos réprimandes, et comme elles me font beaucoup de peine, permettez-moi de ne pas m'y exposer.

— Ah! vous êtes une sirène! s'écria Thierray. Vous venez me voir seule, en pleine nuit, et vous exigez que je trouve cela très drôle et pas du tout enivrant. Le danger auquel vous ne pensez seulement pas pour vous, il faut que je n'y croie pas pour moi-même? Mais c'est à devenir fou!

— Voyons, pourquoi donc? répondit Eveline en souriant. Tout le danger, entre une fille chaste et un homme d'honneur, est d'arriver à s'aimer l'un l'autre, n'est-ce pas? Eh bien! nous sommes jeunes, nous sommes égaux, nous sommes libres. Il n'y a aucun obstacle entre nous, et, s'il faut vous le dire, mon père m'a grondée, le dernier jour que vous êtes venu chez nous, parce que j'étais trop cruelle envers vous et que je ne lui parlais pas de vous assez sérieusement...

— Vraiment, Eveline! dit Thierray troublé.

— Ne le saviez-vous pas?

— Non, je vous le jure !

— Eh bien! sachez-le, dit-elle en riant, et prenez l'épreuve que j'ai voulu faire ce soir de votre courage comme un des côtés de l'examen auquel j'ai le droit de vous soumettre. De votre côté, comme vous n'êtes pas plus décidé que moi à combler les vœux de mon père, soumettez-moi à vos analyses. Je m'y prête, vous le voyez : je vous apporte ici toute l'irréflexion, toute la déraison, toute la simplicité de mon caractère. Si vous appelez cela de la coquetterie, je ne sais pas comment vous appellerez le contraire. Dites-moi qu'une jeune personne capable d'un pareil coup de tête vous est insupportable, je le concevrai; mais, moi, j'aurai le droit de vous répondre qu'un poète capable de se fâcher d'une pareille confiance en lui....

— N'est qu'un cuistre! dit Thierray. Allons, j'en conviens. Oubliez ma dureté! Dieu veuille que ceci reste entre nous un secret qui ne nous force pas à nous aimer avant de nous connaître!

— Quel paradoxe, monsieur l'écrivain! On se connaît de reste quand on s'aime! Si nous en étions là, nous nous moquerions bien d'être découverts dans ce tête-à-tête!

— Eh bien! parlez pour vous, dit Thierray, pour vous, bizarre enfant, qui pouvez donner à ce point votre estime et votre confiance sans donner votre cœur et votre foi. Mais, moi, j'ai peur de vous aimer avant de pouvoir me fier à vous, et voilà pourquoi je suis si maussade.

— Allons, vous voulez, pour m'estimer, que je vous dise ici, et maintenant, que je vous aime! Je ne le ferai certes pas, et, si je viens jamais à en être bien sûre, ce sera à Puy-Verdon et en présence de tous les miens que je vous le dirai. En attendant, savez-vous une chose ? C'est que je meurs de faim dans votre château de Mont-Revêche.

— Ah! mon Dieu! s'écria Thierray, voilà bien un autre embarras ! Les enfants sont comme cela! Dans les situations les plus critiques, leur estomac crie comme si de rien n'était, et ils vous demandent à manger. Où vais-je trouver, dans cette cellule d'ermite, de quoi satisfaire l'appétit royal de la dame de Puy-Verdon?

— Je vais vous le dire, répondit Eveline. Tout à l'heure, en me dirigeant à tâtons dans la salle à manger qui est ici près, j'ai mis la main sur quelque chose de poissé qui m'a bien fait l'effet d'être une tarte aux confitures. J'avais déjà faim, et j'avais quelque envie de profiter de l'occasion ; mais j'ai eu peur que, surprise par vous dans cette occupation matérielle, il ne me fût difficile après de passer pour un spectre.

La salle à manger n'était séparée du salon que par un couloir. Thierray y passa, en recommandant à Eveline de faire le guet à la porte du salon pour être prête à s'enfermer, si Gervais ou

Manette venaient à s'éveiller et à faire une ronde. Puis il apporta la tarte aux confitures, des fruits, un fromage à la crème. Il ne trouva pas de vin dans les buffets; mais Eveline n'en buvait jamais, et elle salua avec acclamation un bol de café froid que Thierray apporta à tout hasard. Le couvert fut mis sur un guéridon, que l'on roula auprès de la cheminée.

Tout cela se fit à deux, en riant, en se faisant de gros yeux et de plaisantes expressions de figure, quand une maladresse menaçait d'éveiller par quelque bruit trop prononcé les échos endormis du manoir. Puis Eveline mangea avec le même appétit qu'elle aurait eu dans un dîner sur l'herbe en famille. Elle trouva tout délicieux, força son hôte à manger aussi, et, se divertissant de toutes choses avec la candeur d'un enfant, elle arriva à une gaîté entraînante.

Troubler par des fadeurs cet épanouissement de son âme, ou l'effaroucher par des ardeurs indiscrètes eût semblé bien vulgaire, bien bête, bien laid à un esprit aussi élevé que celui de Thierray. Il prit le parti de rire, comme Eveline, au bord du précipice. L'innocence de sa déraison était, après tout, un attrait plus pénétrant pour le cœur qu'un excitant pour les sens. Eveline était un de ces charmants êtres sans vice et sans vertu, dont, par respect, on ne peut songer à faire sa maîtresse, dont, par prudence, on n'ose pas vouloir faire sa femme.

Le meilleur parti à tirer de la circonstance, c'était d'en goûter la douceur sans arrière-pensée, puisque, à tout prix, il fallait s'y soumettre. C'est ce que fit Thierray, sans trop d'effort. Etait-ce à lui, d'ailleurs, d'être le moins brave devant les conséquences de l'avenir? Epouser une fille jeune, riche, belle, spirituelle, quand même elle est très gâtée et très folle, c'est un suicide qu'on peut accepter, surtout quand on sent qu'elle vous aime et qu'on espère la dominer par là.

Thierray ne se permit de nouvelles réprimandes que celles qu'autorisait son propre amour. Il laissa voir combien il avait été jaloux d'Amédée. Eveline confessa qu'elle avait joué un méchant jeu. Il y eut des moments où elle menaça de le recommencer et d'autres où elle s'effraya de l'avoir essayé, en voyant que Thierray n'était pas encore assez épris pour ne point rompre à la première offense de ce genre. En somme, ce long tête-à-tête fut bon à l'un et à l'autre. Eveline y éprouva la force d'un caractère qu'elle s'était flattée de vaincre facilement. Thierray sentit qu'avec de telles dispositions à la coquetterie, il fallait tenir la main ferme, et il se promit d'établir son autorité avant le mariage, si Eveline, par de nouvelles témérités, ne lui refusait pas le temps nécessaire à ce laborieux et délicat travail du cœur et de l'intelligence.

Au milieu de cette petite lutte, où mille digressions enjouées et amicales trouvèrent place, la pluie cessa de tomber et le chant du coq annonça l'approche de l'aube. Eveline s'apprêta à partir. Elle prétendait descendre seule le sentier de la colline et gagner le fourré, dans son costume d'Hélyette, assurant que quiconque la rencontrerait ainsi fuirait épouvanté. Cela eût été indubitable pour Gervais ou pour Manette, mais non pas peut-être pour les paysans, qui ne croyaient pas tous aux revenants, et dont quelqu'un pouvait avoir vu Eveline à Puy-Verdon sous ce même costume. Thierray exigea qu'elle mît son chapeau sous son bras, qu'elle couvrît sa taille et cachât sa tête sous une mante à capuchon, qu'il alla chercher sans bruit jusqu'auprès de la chambre où dormait Manette. Ainsi transformée en femme quelconque du pays, elle sortit du château sans être vue de personne. Thierray sortit quelques instants après elle, avec son fusil, comme s'il partait pour la chasse, et la suivit à distance, sans avoir l'air de s'occuper d'elle; mais tout prêt à lui porter secours en cas de besoin. Elle arriva ainsi sans encombre au carrefour du bois où elle avait laissé Crésus. Le pauvre page était transi, malgré l'abri impénétrable des grands chênes où il s'était réfugié avec les chevaux. Il avait eu fort envie de se plaindre; mais dès qu'Eveline parut, l'ascendant qu'elle exerçait sur les esprits subalternes par sa résolution et sa libéralité lui imposa silence. Elle s'assura qu'il n'y avait personne à portée de la voix, excepté Thierray, qui sifflait avec une apparente insouciance derrière le taillis environnant. Elle se dépouilla du vêtement villageois, que Thierray devait retrouver au pied du plus gros chêne, endossa un surtout de drap noir que Crésus tira de sa valise, ôta la plume et le galon de son feutre, remplaça le masque d'Hélyette par un voile qu'elle avait dans sa poche, et, ainsi redevenue à peu près l'Eveline Dutertre des temps ordinaires, elle partit au galop sous l'épaisse et humide ramure de la forêt.

Thierray alla reprendre la mante qu'il roula pour la fourrer dans sa carnassière et dont il fit tomber un mouchoir noué par un coin. C'était le mouchoir d'Eveline ; le coin où était brodé son chiffre liait un simple anneau d'or, un véritable anneau de mariage. Thierray s'empressa de l'ouvrir, et aux premières clartés du jour, réussit à lire ces mots gravés dans l'intérieur : sur une des brisures : *Spontanéité;* sur l'autre brisure : *Réflexion*. C'était une épigramme, mais aussi une avance. La spontanéité rail-

lait la réflexion, mais se livrait à elle.
Thierray baisa involontairement l'anneau, le mit à son doigt et remonta
la colline. D'en haut il vit la jeune fille
qui, rapide comme une flèche, traversait au galop une clairière déjà lointaine.

Thierray rentra ; tout dormait encore.
Il put restituer la mante de Manette,
ranger le salon, faire disparaître les traces du souper, et se retirer dans sa chambre où le sommeil ne put le suivre. Tout
en résumant cette nuit d'aventures et la
journée qui l'avait précédée, il se rappela
son billet à Flavien. L'idée de laisser ce

dernier un jour entier dans l'erreur où il l'avait plongé sur le compte d'Eveline, à propos du bouquet d'azalée, lui fut insupportable. Il était couché depuis une heure, quand ce souvenir lui vint. Il se releva, se promettant, par la même occasion, de supprimer son envoi de vers à Nathalie, qu'il était bien résolu de ne plus occuper de ses prétendus hommages.

Mais quand il arriva au buffet où il déposait chaque soir ses lettres, il ne les trouva plus. Gervais frottait le meuble, le facteur avait passé ; il était déjà loin, emportant le courrier de Thierray.

Thierray prit son parti d'aller se recoucher, se consolant par la pensée qu'Eveline lirait la date de son envoi à Nathalie, qu'il la verrait le jour même pour se justifier, et que le jour même aussi il écrirait à Flavien pour le désabuser. Néanmoins il eut, relativement à ce dernier, un mouvement de honte et de jalousie. Cette fois, se dit-il, ma spontanéité n'a pas pris conseil de ma réflexion. J'ai livré pour vingt-quatre heures aux dédains ou aux désirs d'un tiers l'aimable fiancée dont je porte au doigt le gage d'aillance, et j'en enrage! Tant mieux! après tout : à cela je sens que je l'aime! Pourvu que l'inflammable Fla-

vien ne se mette pas en tête de me laisser madame Dutertre et de poursuivre Eveline, comme je le lui ai conseillé hier? Pourquoi ce maudit facteur rural se lève-t-il si matin? si je montais à cheval pour courir après lui? mais il ne me rendra pas ma lettre. Eh bien! j'irai à Château-Chinon, et je pourrai mettre au moins une seconde lettre à la poste, qui partira avec la première. Oui, c'est cela! Et Thierray se releva à la hâte, cria de sa fenêtre à Forget d'atteler *Problème* au tilbury, écrivit à Flavien ce peu de mots :
« Non! ce n'était pas Eveline, mais ce n'était pas non plus Olympe, » et partit

avec Forget pour le plus prochain bureau de poste.

Il jeta lui-même son billet dans la boîte, et, se rappelant bien clairement qu'il n'y avait dans ses vers à Nathalie rien qui pût blesser ou alarmer sérieusement Eveline, il ne s'inquiéta plus de ce dernier envoi, et prit le chemin de Puy-Verdon, pensant avec raison qu'il devait y être avant elle, pour lui prêter son appui dans le cas où sa course nocturne y serait déjà ébruitée.

V

V

Il trouva chacun vaquant à ses occupations accoutumées. Les domestiques qui vinrent à sa rencontre lui dirent qu'il ne trouverait encore personne au château; que madame était absente ainsi que mademoiselle Caroline et M. Amédée ; que M. Dutertre était allé voir les travaux des champs ; que mademoiselle Nathalie n'était jamais levée avant dix heures, et que mademoiselle Eveline était partie pour la promenade *avec le jour, de grand matin, peut-être avant le jour.* Ces derniers renseignements furent donnés par plusieurs bouches avec une candeur qui rassura Thierray. Personne ne soupçonnait rien. Il prit Forget à l'écart, comme pour lui donner quelques ordres.

— Mon ami, lui dit-il, pouvez-vous me dire quelle est la femme ou le jeune garçon déguisé que vous avez introduit cette nuit dans le château de Mont-Revêche?

— Monsieur ne le sait pas? s'écria Forget surpris et presque effrayé.

— Non, en vérité. Comment le saurais-je? Ce personnage était masqué et s'est diverti à vouloir me faire peur. J'ai couru après lui. Il s'est si bien caché et enfui que je n'ai pu le rejoindre.

— Et comment monsieur sait-il que je l'ai fait entrer? dit Forget un peu méfiant.

— Parce que vous seul avez pu le faire, répondit Thierray. Ce n'est pas Gervais et Manette, superstitieux comme je les connais, qui auraient permis à un revenant d'entrer dans la maison.

— C'est vrai, monsieur, dit Forget. J'ai eu tort. Mais j'ai été trompé, j'ai cru que vous étiez d'accord avec ce revenant-là, et que vous ne me le disiez pas vous-même, parce que, ne me connaissant pas encore, vous manquiez de confiance en moi. Mais je suis un honnête homme, monsieur, incapable de trahir aucun secret.

— Je le sais, Forget... Donc cette personne, c'était...

— Puisque vous ne le savez pas, monsieur, je ne vous le dirai que quand on me le commandera. Je vous prie de m'excuser si j'ai fait une sottise. Je ne m'imaginais pas du tout qu'on venait pour faire peur à monsieur. On m'avait parlé d'une dame que monsieur devait épouser, et qu'il y avait une brouille qui se raccommoderait, si j'ouvrais la porte sans que Manette ni Gervais pussent s'en apercevoir. J'ai cru bien faire. Je n'ai pas pris d'argent pour cela, je n'en accepterais pas. J'aime la famille que ça regarde, et vous aussi, monsieur, quoique je sois bien nouveau auprès de vous; je vois qu'on s'est joué de moi, et que tout ça c'était une *niche*. Mais elle est bien dangereuse; si on venait à le savoir, ça ferait beaucoup parler. Heureusement je n'ai pas envie de faire du mal, je n'en ai jamais fait à personne, et il ne m'arrivera plus jamais d'ouvrir la porte, à moins que monsieur ne me le commande, car le premier devoir d'un serviteur, c'est d'obéir à son maître.

— Mais je ne suis pas votre maître jusqu'à présent, mon cher Forget?

— Pardon, monsieur, M. le comte m'a dit: Vous êtes à moi, mais vous servirez M. Thierray, et je ne connais que ça.

— Eh bien ! Forget, dit Thierray, qui sentit aussitôt l'opportunité de s'attacher cet honnête homme, de ce moment, non-seulement vous me servez, mais vous êtes à moi, si vous le voulez bien.

— De bien grand cœur, monsieur : mais M. le comte m'a dit que j'étais à lui, et j'ai donné ma parole pour six mois au moins.

— M. de Saulges vous rend votre parole ; vous êtes à moi, et vous servirez M. de Saulges, s'il revient. Consentez-vous, aux mêmes conditions ?

— Oui, monsieur, répondit Forget, j'aurai beaucoup de plaisir à vous servir.

— Et vous ne me direz pas le nom du revenant de cette nuit, si je vous commande de me le dire?

— Pour ça, non : que monsieur m'excuse, je peux promettre seulement à monsieur de n'avoir plus jamais de secrets par rapport à lui, de ne plus rien écouter, et de ne jamais ouvrir la porte sans son ordre. Mais trahir une personne pour une petite bêtise qu'elle a voulu faire... non, je ne peux pas vous obéir.

— Vous m'avouez pourtant que c'était une femme? dit Thierray, voulant éprouver Forget jusqu'au bout.

— Je peux bien ne pas en être plus sûr que monsieur, répondit Forget, à qui la délicatesse des sentiments tenait lieu de finesse d'esprit; le revenant ne m'a pas parlé; il avait un masque. Je ne sais d'une femme que ce qu'on m'en a dit. On a bien pu se moquer de moi. Alors, monsieur, ni vous ni moi nous ne savons rien, et c'est le mieux.

Thierray, qui n'était point né aristocrate, et qu'aucune habitude d'enfance n'empêchait de se livrer à son impulsion naturelle, tendit la main à son domestique, qui, élevé, lui, dans d'autres idées, hésita à la lui donner, et ôta son chapeau d'une main en recevant de l'autre cette marque d'estime. Thierray ne dit rien et s'éloigna. Forget réfléchit un instant, se demanda s'il devait prendre au sérieux son nouveau maître; comprit, grâce à sa droiture naturelle plus forte que les préjugés de l'éducation, qu'il pouvait l'estimer en conscience, et alla brosser son cheval, tout en faisant ses réflexions intérieures sur le mécontentement paternel que lui causerait une fille aussi écervelée que l'était son ex-patronne Eveline. Dans ses idées, qui n'étaient pas dépourvues de justesse, se compromettre pour une passion n'était pas un crime ; mais s'exposer pour une espièglerie, c'était un grand mal. Il faut dire qu'il n'y avait pas de cœur plus généreux et d'esprit moins enjoué que le cœur et l'esprit de Forget.

Thierray alla guetter, des hauteurs du parc, l'arrivée d'Eveline sur tous les sentiers et chemins qui aboutissaient vers le château. Il était neuf heures quand il la vit descendre, au pas et dans une pose rêveuse, une pente escarpée qui ramenait l'oiseau fuyard au nid paternel. Il put retourner, comme par hasard, à la grille de la cour, et lui offrir la main pour descendre de cheval.

Elle fut doucement flattée de le voir debout, n'ayant pas dormi et veillant sur son retour au bercail.

— Personne ne sait rien, lui dit-il aussitôt que Crésus eut le dos tourné pour emmener les chevaux. Forget est l'homme le plus sûr; mais, croyez-moi, il faut faire accepter une somme à Crésus et l'envoyer chercher une condition loin d'ici.

— Ah! mon Dieu, dit Eveline d'un air

chagrin, vous pensez à tout cela, vous!
Eh bien! moi, je ne veux pas m'en occuper. J'ai bien autre chose en tête !

— Quoi donc, chère Eveline ?

— Otez donc votre gant, je vous en prie.

— Le voilà, dit Thierray en lui montrant son anneau qu'il avait au doigt.

— Ah! vous l'avez trouvé ? reprit-elle en souriant, c'est bien, rendez-le moi.

— Voilà votre mouchoir, il a un chiffre;

mais l'anneau n'en a pas, et il n'y a pas d'imprudence à me le laisser.

— Pas d'imprudence! vous ne voyez jamais le danger que dans les faits extérieurs, dans les choses matérielles! songez à quoi vous vous engagez vous-même en gardant cette bague. C'est moi qu'elle compromet auprès de vous, et ne voyez-vous pas que c'est la seule opinion dont je me soucie?

— Eh bien! soyez en paix sur ce point, adorable fille. Je sais que je m'engage à m'efforcer de me faire aimer, je sais que la tâche est difficile...

— Difficile? répondit Eveline en le regardant fixement. Vous rappelez-vous quatre petits vers qui m'ont toujours semblé plus grands que tous les alexandrins du monde?

> « Comment, disaient-ils,
> Sans philtres subtils
> Etre aimés des belles?
> — Aimez, disaient-elles! »

Là-dessus, Eveline, riante et fraîche comme une matinée de printemps, accablée de fatigue pourtant, mais illuminée par la joie d'être aimée, monta légèrement le perron et regagna sa chambre, où Grondette s'étonnait de ne pouvoir entrer. — La raison de ce phénomène, lui dit Eveline en tirant la clef de sa poche, la voici : ta diablesse est sortie de bonne heure et par distraction a emporté la clef.

Cette journée fut, jusqu'au soir, une des plus douces de la vie de Thierray. Dutertre n'avait et ne pouvait avoir aucun soupçon de l'escapade de sa fille. L'eût-il connue, il l'eût pardonnée, ce jour-là, en la voyant si gaie, si heureuse, si sincère dans sa prédilection marquée pour Thierray. Elle semblait si parfaitement corrigée de tout caprice, que Thierray de son côté ne cachait presque plus sa défaite, et Dutertre croyait voir clairement qu'un heureux mariage couronnerait avant peu ces heureuses amours.

Nathalie, depuis que son départ pour Paris était secrètement arrêté, ne se donnait plus la peine d'être aimable ou fâcheuse. Elle vivait seule, de rêves ambitieux et de projets splendides Elle pensait fort peu à Flavien, bien qu'elle eût daigné y songer, avant la résolution qui lui faisait espérer de trouver à Paris vingt partis tout aussi brillants et non moins agréables. Ce jour-là, pourtant, une circonstance fortuite devait changer complétement la disposition de son esprit et la nature de ses sentiments.

Elle ne parut qu'au déjeuner, et Thierray passa l'après-midi avec Eveline dans les bois et les rochers au-dessus de la cascade. Dutertre les y avait accompagnés, mais, Eveline étant lasse, et le père voyant l'amant épris sérieusement, c'est-à-dire religieusement respectueux, alla errer plus loin et les laissa ensemble.

Cependant, après une nuit et une journée de tête-à-tête peu interrompus, Thierray n'était pas plus avancé qu'auparavant, en ce sens que, pas plus que la semaine précédente, Eveline, tout en lui faisant voir par mille séductions charmantes qu'elle le préférait à tout autre et voulait être aimée de lui, ne se départit une seule fois de sa légèreté, de son incertitude, disons le mot, de son absence de moralité dans la religion du cœur. L'amour, pour elle, était un jeu plus délicieux que tous les autres jeux dont se composait sa vie morale ; mais au fond c'était toujours un jeu. Elle était belle joueuse, elle savait perdre sans humeur, mais elle s'obstinait à la revanche. Elle voulait gagner, c'est-à-dire posséder les cœurs sans laisser posséder le sien d'une manière absolue. Elle ne voyait jamais que le jour présent. L'idée de l'avenir, si douce aux affections durables, si nécessaire à la loyauté et à la logique de Thierray, était une idée antipathique à l'esprit aventureux et flottant d'Eveline. On eût pu résumer toutes les promesses de cette âme légère par ces mots : Espérez, n'exigez pas. Je vous aime aujourd'hui, faites-vous aimer demain. Je ne pourrai jamais répondre de moi-même; je suis sincère, je ne me vante de rien. Je ne me connais guère, c'est à vous de me juger, de m'apprécier ou de me fixer. Mais ne comptez pas trop sur mon aide. Je ne peux m'aider moi-même, je me laisse aller, comme le vent qui souffle et comme la feuille que le vent emporte.

Et Thierray finit par se dire tout bas :

« Oui, oui, tout cela signifie : Epousez-moi, car je vous aime ; mais soyez philosophe, car vous aurez sans doute grand besoin de l'être. »

Et la tristesse le prit comme il ramenait sa fiancée au château. Le soleil déclinait, l'air devenait humide. Une sorte de froid passait dans l'âme de Thierray, avec cet invincible ennui qu'éprouve un esprit brillant, mais sérieux, dans le contact prolongé d'un esprit charmant, mais fantasque.

Nathalie parut au dîner avec une figure

très problématique. Elle avait un éclair dans les yeux, un sourire sur les lèvres qui la rendaient fort belle et un peu effrayante. « J'ai reçu, dit-elle à Thierray, les vers que vous m'annonciez. Ils sont ravissants. Je garderai ce petit chef-d'œuvre pour l'étudier toute ma vie ! »

Sa voix étrange fit tressaillir Dutertre. Eveline dit en riant à sa sœur : — Pourquoi donc nous dis-tu cela du ton de lady Macbeth ? Nathalie baissa les yeux, serra les lèvres et ne répondit pas.

Elle ne reparla plus à Thierray de ses vers. Ce silence lui parut étrange. Quatre cents vers valaient bien au moins quatre petites phrases d'approbation ou de remercîment, à une par centaine. Elle semblait vouloir en faire un mystère entre elle et le poëte qui les lui avait adressés. Eveline s'en inquiéta, et, trop franche pour le cacher, elle tourmenta sa sœur toute la soirée devant Thierray, pour que l'épître lui fût communiquée. Nathalie refusa net, disant que ce qui était à elle était à elle. Dutertre, étonné, s'en mêla ; il croyait voir, comme Thierray et comme Eveline, que Nathalie se faisait un méchant plaisir de rendre sa sœur jalouse et de troubler le naissant bonheur de ces deux amants. Il insista avec douceur, mais sa voix avait plus de fermeté que ses paroles n'en voulaient montrer. Nathalie se tournant alors vers Thierray, lui dit :

— On me force, monsieur, à faire l'aveu d'une chose déplorable. C'est que j'ai perdu votre lettre une heure après l'avoir reçue; mais les poëtes ont une merveilleuse mémoire, et je suis sûre que vous pourriez nous réciter vos quatre cents vers sans vous gêner.

— Ce sera fort ennuyeux, répondit Thierray, car ils sont mauvais : je les ai faits tristement et sans inspiration. Mais puisque vous voulez condamner votre père et votre sœur à les entendre, je vais tâcher de me les rappeler.

Aidé, en effet, par beaucoup de mémoire et de facilité, improvisant là où il y avait lacune dans son souvenir, il récita les quatre cents vers, que Nathalie parut écouter comme si elle ne les connaissait pas. Il la soupçonna de les avoir jetés au feu sans daigner les lire, et lui pardonna plus volontiers ce mépris qu'il n'eût fait d'un essai de perfidie.

Eveline trouva tout charmant. Dutertre applaudit beaucoup. Thierray se retira sur un succès, croyant laisser Nathalie sur une défaite. Il ne se doutait pas qu'elle tenait sa victoire, comme elle se le disait intérieurement, par les ailes.

Dutertre, après qu'Eveline, brisée de lassitude, se fût retirée aussi de son côté, essaya d'arracher à Nathalie le mot de l'énigme.

— Mon père, lui dit-elle, ne me le demandez jamais. Le jour où je m'en justifierai, l'on me haïra sérieusement, et je serai victime d'un hasard fatal que l'on m'imputera à trahison.

Dutertre crut sérieusement à une sorte de trahison de la part de Thierray. — Je crois deviner, dit-il, et si je devine juste, vous avez agi sagement et généreusement en refusant à votre sœur la preuve d'une malice ou d'une légèreté, pour ne rien dire de plus, de la part de M. Thierray. Sans aucun doute les vers qu'il vient de nous réciter ne sont pas les seuls qu'ils vous ait adressés?

— Il ne m'a point adressé de vers, répondit Nathalie ; ce qui a été mis sous mes yeux n'est que de la prose ; mais elle est remarquable, ajouta-t-elle avec une expression de profonde ironie.

— Ma fille, reprit l'excellent Dutertre, peut-être attaches-tu trop d'importance à une lettre que M. Thierray t'aura écrite dans un mouvement de dépit contre ta sœur. Tu n'en veux pas tirer gloire, je le sais, car tu m'as souvent manifesté l'absence de tout penchant, même de toute bienveillance pour M. Thierray. J'ai cru qu'il méritait mieux de ta part et de la mienne. Il m'a semblé voir que ta sœur et lui avaient une inclination prononcée l'un pour l'autre, inclination que j'ai encouragée en silence. Mais, s'il n'est pas digne de mon estime et de ma confiance, ton devoir est de m'éclairer. Moi seul dois être juge de ce qu'il y a de sérieux ou de frivole dans le caractère de ce jeune homme. Je te remercie donc, encore une fois, de ta réserve de tout à l'heure, mais je te prie de me remettre la lettre et de ne pas craindre que personne ici t'accuse jamais de l'avoir provoquée.

— En êtes-vous bien sûr, mon père? dit Nathalie ; me connaissez-vous parfaitement? vous a-t-on assez fait remarquer tous mes défauts? Enfin jureriez-vous sur votre honneur, en dépit des plus cruelles insinuations, que vous me savez incapable de faire à un homme la moindre avance, la moindre provocation?

— Oui, ma fille, répondit Dutertre, espérant la ramener au sentiment de la justice par de grandes marques d'estime ; je vous jure sur l'honneur, et je jurerais à la face du monde que votre caractère sérieux et votre fierté excessive vous défendraient et vous interdiront toujours le système de coquetterie dont notre chère Eveline use quelquefois sans en comprendre le péril et la gravité.

— Votre estime me suffit, mon père, dit Nathalie, elle me consolera de tout, et je n'ai qu'à garder le silence du mépris et de la résignation.

— Pardon ! Nathalie, ma conclusion

est différente. Je veux savoir si Thierray est digne de devenir mon gendre, je vous demande sa lettre.

— Impossible ! mon père.

— Il ne saura jamais que vous me l'avez communiquée, je ne voudrais pas exposer ma fille à la vengeance d'un homme sans principes.

— J'en suis bien persuadée, mon père, dit Nathalie, qui, malgré son attitude défensive, écoutait avidement et semblait noter avec soin chaque engagement qu'elle arrachait à son père : mais ma sœur?...

— Votre sœur ne saura jamais que j'ai lu cette lettre, elle n'en connaîtra pas même l'existence. J'éloignerai Thierray sous tout autre prétexte, sans exposer deux sœurs à un de ces conflits d'amour-propre qui laissent toujours quelques nuages dans l'intimité.

— Et ma belle-mère? dit Nathalie.

— Si vous désirez que ma femme reste étrangère à ce petit évènement domestique, je suis très disposé à lui en épargner l'inquiétude et le souci.

— Je l'exigerais, mon père!

— Soit, puisque c'est mon désir également, et qu'elle ne pourrait y porter remède.

— Ainsi vous vous engageriez à ne jamais révéler à personne, à personne au monde, l'existence de cette lettre!

En parlant ainsi, Nathalie tirait à demi de sa poche l'envoi assez volumineux de Thierray.

— Doutez-vous donc de ma parole, ma fille? dit Dutertre d'un ton sévère.

— Non certes, si vous daignez me la donner formelle, précise, sacrée.

— Je croyais vous l'avoir donnée, je vous la donne encore, répondit Dutertre.

Nathalie tira de sa poche la lettre tout entière, la fit craquer dans ses doigts, parut hésiter, puis, la retirant avec précipitation :

— Non! non! s'écria-t-elle, c'est impossible! Cela vous ferait trop de mal.

Elle tremblait réellement devant l'action qu'elle allait commettre.

Dutertre, qui n'en connaissait pas la gravité, crut qu'elle se jouait de lui et qu'elle voulait troubler, sans motif et sans preuve, la sécurité de sa sœur.

— Prenez garde ! lui dit-il. Vous me feriez croire qu'il n'y a rien dans cette lettre qui vaille la peine que vous vous donnez pour l'incriminer.

— Si je ne vous la remets pas, mon père, dit Nathalie, vous croirez que je l'ai provoquée par mes avances, n'est-ce pas ?

— Peut-être ! répondit Dutertre à bout de calme et de patience.

VI

VI

Nathalie feignit de se trouver vaincue, et cependant, moitié terreur de voir l'arme qu'elle tenait se retourner contre elle-même, moitié remords du mal qu'elle allait faire à son père, elle se débattit encore. Il est peut-être des âmes complètement corrompues après une carrière mauvaise; il n'en est pas de complètement perverses au début de la vie, et Nathalie sentit en ce moment un grand combat, livré par ses entrailles et sa conscience au démon de la haine et de l'envie.

— Mon père, dit-elle, ne parlez pas ainsi, ne me tentez pas, ne mettez pas en jeu ma fierté outragée. Je ne dois pas vous donner cette lettre. Vrai! souvenez-vous de ce que je vous dis, je ne le dois pas! Ce n'est pas ce que vous croyez. Cela ne concerne ni Thierray ni Eveline. Il y a là un mystère que vous n'avez plus le droit d'éclaircir. Vous avez juré! Vous ne pourriez combattre pour votre honneur qu'en risquant de le compromettre soit comme père, soit comme...

Elle s'arrêta effrayée du mot qu'elle allait prononcer. Son père l'acheva :

— Soit comme époux? dit-il.

Et une pâleur mortelle se répandit sur son visage. La plaie qu'il croyait fermée se rouvrait.

— Allons! dit-il avec énergie et en tendant la main pour recevoir la lettre, donnez! J'ai résolu de ne laisser couver aucun feu sous la cendre, de ne m'endormir sur aucune apparence de calme trompeur. Puisque la pensée du mal veille autour de moi, mon devoir est de l'éteindre ; donnez-moi cette lettre !

— Vous me l'arracherez donc de force si je vous la refuse? dit Nathalie, qui voulait faire violer son dernier reste de conscience.

— Non, dit Dutertre. Dieu me préserve de porter jamais une main égarée sur les objets de mon affection ! Je fais appel à votre devoir le plus sacré, qui est de n'avoir pas de secrets pour votre père.

— Je ne peux pas résister, dit Nathalie ; mais je vous prends à témoin de l'effroi et de la douleur avec lesquels je vous obéis.

Elle lui mit en tremblant la lettre dans la main et voulut sortir. Dutertre, qui était encore maître de son émotion, l'arrêta.

— Restez, dit-il, ceci est peut-être la flèche empoisonnée du parthe ; je veux causer avec vous de cette lettre, quelle qu'elle soit, après que je l'aurai vue ; asseyez-vous.

Nathalie s'assit à une certaine distance, la tête tournée de manière à ne pas paraître observer l'attitude de son père, mais de manière cependant à n'en rien perdre, dans la glace où se reflétait son image.

Dutertre, voyant une fort longue lettre, la posa sur la table, approcha son siège et lut... non pas une lettre de Thierray à Nathalie, comme il s'y attendait, mais la lettre que Thierray avait reçue de Flavien la veille.

Thierray, dans la préoccupation et la fatigue d'esprit où l'avait surpris Eveline à Mont-Revêche la nuit précédente, avait, une demi-heure auparavant, enveloppé et cacheté, à la place de ses vers, les dix petits feuillets qui composaient la lettre de son ami. Le hasard avait voulu que les deux paquets se trouvassent rapprochés sur la même table, qu'ils eussent le même volume, la même apparence, que le papier azuré fût le même, car celui dont s'était servi Thierray était un reste de celui que Flavien avait apporté dans son nécessaire à Mont-Revêche. Thierray avait serré précieusement ses propres vers dans le tiroir de son bureau, tout en mettant l'adresse de Nathalie sur la lettre très confidentielle et assez compromettante où son ami lui disait son amour pour madame Dutertre.

Si on se rappelle les expressions de cette lettre, elle pouvait se résumer ainsi pour Dutertre :

« Une fleur donnée mystérieusement et peut-être amoureusement à Flavien durant son sommeil a allumé en lui une curiosité ardente, une sorte de passion sensuelle et hardie. Olympe avait, soit par hasard, soit à dessein, une fleur semblable à son corsage. Son trouble étrange et maladroit a encouragé un jeune homme entreprenant à lui exprimer pendant huit jours des désirs dont la seule pensée fait frémir de rage un mari délicat, un amant passionné. Au moment où Flavien se décourageait devant une dernière apparence ou un dernier effort de vertu, un nouvel envoi mystérieux des mêmes fleurs est venu l'exalter au point qu'il a fui pour ne pas succomber. »

— Oui, le généreux Flavien, se disait Dutertre, daigne me laisser ma femme encore pure ; sans sa grandeur d'âme, encore un jour, et cette femme faible et imprudente fût tombée fascinée entre ses bras comme le passereau par le vautour.

Telle fut, grâce aux défaillances de la

nature humaine quand l'amour domine le raisonnement, la première impression de Dutertre. Ce portrait de sa femme, cette définition, que Thierray trouvait vigoureuse dans sa naïveté un peu sauvage, des attraits, de la faiblesse et des séductions de la douceur, tout ce tableau d'une scène où il crut voir Olympe frissonnante et consternée dans les bras de Flavien, firent bouillonner et brûler le sang dans les veines du mari. « Je ne me serais jamais douté qu'elle fût faible devant l'insolence, se dit-il, et qu'elle pût courir de ces dangers que les êtres vraiment chastes ne connaissent seulement pas! »

C'étaient ces images qui troublaient et torturaient Dutertre au point de l'empêcher de s'arrêter à l'histoire mystérieuse des fleurs. Aux premières lignes de ce récit, il avait souri de la fatuité de Flavien, tant il lui avait paru invraisemblable, impossible, que sa femme fût capable d'une pareille provocation. Quand sa pensée se fut douloureusement arrêtée sur les tableaux présentés par le narrateur avec un cachet de sincérité, de bonhomie et même de modestie évidentes, il trouva possible au moins l'envoi des dernières fleurs à Mont-Revêche. Olympe n'avait pas provoqué cette passion, mais elle en avait peut-être subi le magnétisme, et peut-être avait-elle fini par y répondre ; peut-être, en effet, Flavien avait-il été très généreux envers elle en s'efforçant de douter encore, et en se hâtant de fuir. Voilà ce que se disait Dutertre.

Nathalie suivait dans la glace toutes les surprises, toutes les hésitations, toutes les tortures de son père. Elle éprouvait un mélange de joie et de remords, de triomphe et de terreur.

Bientôt cependant, Dutertre, qui avait fini de lire et qui revenait au commencement de la lettre pour en peser toutes les expressions, sentit une autre lumière se faire dans son esprit. Elle le bouleversa, et, ne se possédant plus, il se leva terrible devant Nathalie :

— Ma fille, dit-il en la foudroyant de son regard, ceci est une trame odieuse ! C'est vous qui, un certain jour, avez remarqué que ma femme avait une certaine fleur à sa ceinture. C'est vous qui vous êtes fait un jeu cruel d'en mettre de semblables sous la main de ce jeune homme endormi. C'est vous qui lui en avez envoyé d'autres à Mont-Revêche pour lui faire croire que ma femme, ma pauvre femme, était éprise de lui ! Vous

avez voulu la comprometttre, la perdre ;
il le sent lui-même, et bientôt vous serez devinée et châtiée par l'horreur
que vous inspirerez à tout le monde !

— Voilà à quoi je m'attendais, répondit Nathalie avec audace. Est-ce que
madame Olympe n'a pas eu le soin de le
faire pressentir à M. Flavien ? est-ce
qu'elle ne le croit pas charitablement?
est-ce que ses *belles larmes,* comme il dit,
et ses insinuations assez claires, ne sont
pas une accusation effroyable qui vient
assurer le triomphe de sa haine, en passant de la plume de M. Flavien sous les
yeux de mon père ? Aurais-je cédé à vos

ordres de vous montrer cette lettre, si je n'avais compté qu'un jour ou l'autre madame Olympe réussirait à vous faire croire ce que croit déjà son adorateur ? Ne devais-je pas me mettre en garde contre une pareille perfidie, qui m'eût livrée sans défense à son aversion et à vos rigueurs ? Voyez la différence entre nous : je ne l'accuse de rien, moi ! Je ne prétends pas, je ne crois pas qu'elle ait donné ou envoyé des fleurs ; mais je vois qu'il en a reçu, qu'il lui a attribué cette agacerie, et que la première pensée de cette femme envieuse et cruelle a été de m'accuser jusqu'à en pleurer de colère devant lui !

Nathalie s'arrêta en voyant, pour la première fois, le visage de son père baigné de larmes. La colère était courte chez lui et faisait place à une profonde douleur.

Nathalie fut effrayée et sincèrement repentante un instant.

— Mon père, s'écria-t-elle, je lui pardonne! pardonnez-moi aussi de vous faire souffrir! mais ne me haïssez pas! Je vous jure, sur votre bonté, sur votre honneur, sur vos vertus, que je n'ai pas eu la pensée de compromettre votre femme. Je souffre de ses soupçons, c'est ce qui me rend amère pour elle ; mais je vous proteste, je vous fais serment devant Dieu que je ne les mérite pas.

Nathalie disait la vérité. Le hasard était seul coupable de la méprise ou de l'incertitude de Flavien. Nathalie n'avait pas remarqué qu'Olympe eût une fleur demi-cachée dans les dentelles de son sein, puisqu'elle même avait arboré un instant une de ces fleurs. Elle l'avait vite jetée, en prenant note de l'inattention de Flavien. Puis, le jour où elle l'avait vu pour la dernière fois, elle s'était imaginé qu'il la regardait avec un certain intérêt. Les vieilles filles ont de ces illusions continuelles ; et Nathalie, à force de se dire vieille fille par dépit, commençait à le devenir en réalité. Alors elle avait envoyé un bouquet signé *Hélyette*, associant sa sœur à cette plaisanterie.

Elle fut tentée, pour rassurer entièrement son père, d'avouer toute l'aventure, et c'eût été le plus simple; mais elle s'était trop enferrée en le niant d'abord. Une mauvaise honte la retint; et puis, malgré le trouble où la plongeait sa vengeance, elle ne put se décider à y renoncer entièrement. Du moment où elle avait lu la lettre de Flavien, un sentiment nouveau s'était allumé en elle comme un incendie. Les ardeurs de la jeunesse avaient monté pour la première fois à son front glacé. De vagues aspirations lui avaient révélé le besoin de trouver dans le sein d'un être jeune, bouillant et résolu, l'initiative qui manquait à sa vie solitaire et froide. Flavien, sans s'en douter, lui avait révélé l'amour, sous un aspect bien peu éthéré, il est vrai, pour une personne dont l'imagination visait au sublime, mais, en réalité, sous le seul aspect qui pût émouvoir une femme sans tendresse et sans dévouement : le trouble des sens.

Elle était donc souffrante et jalouse

jusqu'à la fureur, en voyant une autre femme, la femme qu'elle haïssait, devenir, par sa faute à elle, l'objet des désirs qu'elle eût voulu inspirer, bien que, dans son agitation et son ignorance d'elle-même, elle ne se rendit pas compte de ce qu'elle éprouvait.

Dutertre vit que, sur le point capital, elle était sincère, et n'osa pas insister pour savoir le reste. Il était même naturellement porté à attribuer le badinage des fleurs à la folle Eveline, comme une de ses naïves rubriques pour rendre Thierray jaloux. Il en fut plus attristé dans son amour. Eveline, coupable à sa manière, mais sans malice aucune, contre sa belle-mère, et Nathalie innocente, Olympe restait chargée d'un blâme qu'elle méritait en effet pour avoir secrètement accusé cette dernière d'une noirceur gratuite. La pauvre femme avait tant souffert qu'elle pouvait bien avoir quelques accès d'injustice. Elle l'avait senti, elle l'avait dit à Flavien ; elle avait fait ensuite tous ses efforts pour lui en retirer la pensée, elle avait été près de s'accuser elle-même pour disculper les autres : mais elle n'avait pu y réussir sans émouvoir, plus qu'elle ne l'avait prévu, l'imagination excitée de ce jeune homme, et tout cela formait un vague ensemble de dénégations pudiques et de frayeurs attrayantes que Flavien avait définies à sa manière, à savoir que, sans y comprendre, il s'y était brûlé comme un sphynx ivre et impétueux à une flamme tremblottante agitée par le vent.

Dutertre consola et rassura sa fille, qui pleurait moitié de colère, moitié de chagrin. Il prit la lettre et la jeta au feu. « Que tout ressentiment et toute inquiétude soient consumés, dit-il, comme cette lettre imprudente et frivole. Olympe est malade, sachez-le, ma fille. Elle est nerveuse, affaiblie, et peut-être a-t-on eu ici envers elle des torts qui, sans la justifier de ses soupçons, doivent l'excuser. Oubliez cela. M. de Saulges ne doit pas revenir, et si jamais ma femme, ce dont je la sais incapable, laissait échapper quelque doute devant moi sur cette puérile aventure des fleurs, comptez bien qu'avec la même affection paternelle que je vous témoigne, je vous justifierais auprès d'elle.

— Sans doute, mon père, ce serait aussi avec la même sévérité que vous me témoignez quelquefois? dit Nathalie tout à fait rendue à sa haine. Je suis ici profondément blessée, et un étranger est le confident des accusations dont votre femme me gratifie.

— Nathalie, vous disiez tout à l'heure : *Je lui pardonne;* est-ce ainsi que vous pardonnez ?

— Eh bien ! je serai généreuse envers elle, répondit Nathalie d'un air méprisant. Je ne suivrai pas l'exemple qu'elle me donne. Je ne prendrai pas de confidents de l'injure qu'elle m'a faite. Surtout je ne les choisirai pas arrivés de la veille pour leur ouvrir mon cœur le lendemain, car je craindrais de les voir s'enhardir jusqu'à me serrer dans leurs bras à quelque rendez-vous de chasse.

Et Nathalie, redevenue furieuse de voir son père si indulgent pour les soupçons d'Olympe, lisant dans son regard irrité que sa jalousie secrète allait se traduire par une violente indignation contre la main qui retournait le fer dans sa blessure, se retira, ou plutôt se sauva dans sa chambre.

C'était la première fois de sa vie que Dutertre allait dormir sous son toit, sans avoir serré ses trois filles contre son cœur, et, pour la première fois, il ne rappela point l'enfant rebelle pour la calmer et la ramener au sentiment de ses devoirs envers lui. A cette heure solennelle de minuit, qui termine un jour de notre courte vie, pour en ouvrir un autre dont nul de nous n'est assuré de voir la fin, il y a quelque chose d'effrayant et d'affreux à se séparer des membres de sa famille sans avoir pu leur pardonner ou les bénir.

Mais Dutertre était à bout de ses forces. Il alla errer dans son appartement, en proie à un déséspoir calme et profond. Chef de famille avant tout, il déplorait la rivalité qui minait toutes ses espérances de bonheur. Il s'effrayait des forces de Nathalie pour la haine. Il pleurait sur cette âme froissée qui ne devait jamais connaître le vrai bonheur. Il s'affectait aussi de voir que cette hostilité opiniâtre avait réussi à troubler l'âme de sa femme, jusqu'à lui faire oublier un instant sa générosité, son équité naturelles.

Mais c'était peu que cette souffrance. Une autre, bien plus énergique et moins combattue par la résignation, lui succéda.

Dutertre n'avait jamais eu seulement

la pensée d'être jaloux de sa femme.
Depuis quatre ans qu'elle était devant
lui comme un miroir de pureté, sans que
jamais un regard de distraction, une
ombre de coquetterie vinssent à le ternir, il avait vécu dans son amour comme
dans le sein de Dieu. Cette confiance
sans limites, ce respect inaltéré faisaient
sa force et sa consolation au sein des
luttes du monde et de la famille. Non-
seulement il n'avait pas cru possible
qu'elle aimât un autre que lui, mais encore qu'elle fût aimée d'un autre, tant il
la voyait préservée par son auréole de
chasteté naturelle et de fidélité exclusive.

Dutertre se trompait quant au dernier point; là, son optimisme, sa générosité de cœur, sa candeur extraordinaire, lui faisaient trop juger les autres hommes par lui-même. Il savait bien qu'il en est de corrompus. Le soin qu'il avait pris de les éloigner de son sanctuaire et de ne s'entourer que d'esprits délicats et de caractères nobles lui ôtait la notion des faiblesses inhérentes à la nature humaine. Dans sa modestie, il croyait aussi austères que lui tous les hommes qu'il pouvait estimer d'ailleurs.

Marié à vingt ans à une femme de seize, il n'avait jamais connu les égarements du cœur et de la conduite à l'âge où les passions sont farouches chez les hommes, faute de satisfactions légitimes ; sa jeunesse avait donc été pure comme son enfance. Après avoir perdu sa première femme, il n'avait pu perdre le souvenir des quatre ans de bonheur tranquille et plein qu'il avait goûtés dans le mariage. Il ne comprenait même pas le bonheur sous une autre forme, et une longue douleur l'avait préservé des passions fugitives. A trente ans il en avait essayé pourtant, n'osant pas confier ses enfants trop jeunes à une seconde femme. Mais dans ce qu'il appelait en lui-même ses égarements, il avait conservé une moralité qui eût fait sourire la plupart des hommes du monde où il vivait, si sa chasteté instinctive lui eût permis de s'en expliquer devant eux. Il avait toujours regardé comme un tel crime de chercher à séduire une jeune fille ou une femme mariée, qu'il ne croyait pas qu'on pût être honnête homme et voler ainsi l'honneur des familles. De là son excessive confiance dans ceux qui l'entouraient, pour peu qu'ils gardassent devant lui certaines apparences de moralité sociale. Il est vrai de dire que les manières de cet homme rare, son aversion pour le cynisme, l'esprit avec lequel il le *rembarrait*, enfin, je ne sais quelle influence de gravité douce, toujours présente au milieu de son plus aimable enjouement, repoussaient la confiance des libertins et même celle des hommes légers. On le respectait sans s'en rendre compte et sans que lui-même s'en aperçût. Ce n'était donc pas le moyen pour lui de connaître les véritables mœurs, les instincts, les théories ou les entraînements de son entourage.

Cet entourage était aussi choisi que possible. On eût pu en juger par Flavien qui, certes, n'était pas un roué sans principes et sans loyauté; par Thierray, qui, moins candide à l'égard de lui-même, n'en était pas moins incapable d'un égoïsme cruel ou scandaleux ; par Amédée, qui était aussi religieux en amour que Dutertre lui-même ; et pourtant ces trois hommes avaient été ou étaient amoureux de madame Dutertre.

Voilà ce que Dutertre commençait à voir, sinon à comprendre, et ce qui causait le tumulte de ses pensées. Il s'efforçait d'oublier la fatale lettre de Flavien, et pourtant il regrettait de l'avoir brûlée. Il se disait qu'il l'avait mal comprise ; que s'il pouvait la relire en cet instant, il n'y trouverait que des motifs de sécurité. Mais, alors, les passages qui l'avaient le plus ému se présentaient à sa mémoire avec une netteté désespérante. Certaines situations auxquelles Nathalie avait fait une attention cruelle en les lui rappelant, certaines remarques sur l'espèce de surveillance jalouse exercée par Amédée sur sa jeune tante, lui brûlaient le cerveau comme si elles eussent été écrites avec du feu.

A cette dernière pensée surtout, Dutertre, épouvanté de lui-même, se demandait s'il devenait fou, ou si, depuis quatre ans, il était la dupe de la plus odieuse des trahisons, la trahison domestique. Il sentait sa tête éclater, et son cœur, rempli d'une ineffable tendresse pour ce fils adoptif dont il allait jusqu'à suivre les conseils et accepter l'influence dans ses douleurs de mari et de père, se brisait en sanglots, sans que ses yeux séchés par l'insomnie pussent épancher ses larmes.

Il se jeta sur un lit de repos dans le boudoir de sa femme, et, vaincu par la fatigue, il s'endormit en murmurant ce cri de détresse : « O Nathalie ! Nathalie ! ce soir tu as tué ton père ! »

VII

VII

Dutertre eut quelques heures d'un sommeil accablant Il fit des rêves affreux. Il s'éveilla souvent, mal à l'aise comme on l'est quand on dort tout habillé. Il était baigné de sueur, quoique la nuit fût froide. Plusieurs fois il ne se rendit pas compte du lieu où il était. Ce lit de repos où s'étendait quelquefois Olympe était placé dans une sorte d'alcôve fermée d'une tapisserie. Les bougies s'étaient consumées. Dutertre se trouvait dans des ténèbres rendues complètes par le lourd rideau qu'il avait machinalement tiré sur lui. Par moments il se croyait descendu vivant dans la tombe ; mais il n'avait pas la volonté de se soustraire à cette impression lugubre. Il se rendormait pour tomber dans quelque autre songe plus lugubre encore.

Il s'éveilla tout à fait en entendant

parler auprès de lui. Il ouvrit les yeux, vit les premiers rayons du jour glisser vers lui par la fente de la tapisserie, et reconnut les voix d'Olympe et d'Amédée.

Dutertre n'attendait sa femme que le lendemain soir. Elle avait dû aller voir une amie d'enfance très malade qui se rendait à Nice, et qui, n'ayant pas la force de se détourner pour aller à Puy-Verdon, l'avait suppliée de venir passer une heure avec elle à Nevers, en lui indiquant le jour de son passage dans cette ville. Olympe avait calculé qu'elle pouvait rendre ce devoir à l'amitié et être de retour au bout de vingt-quatre heures.

Dans sa tendre sollicitude, Dutertre, ne voulant pas laisser ses filles seules, avait supplié sa femme d'emmener avec elle Benjamine pour la soigner, et il leur avait donné Amédée pour les protéger toutes deux. Il l'avait suppliée encore de prendre trois jours pour cette absence, afin de ne pas se fatiguer. Il craignait que la vue de son amie malade, mourante peut-être, ne la rendît malade elle-même, et il ne voulait pas l'exposer à courir la poste sous le coup d'une crise nerveuse.

Olympe avait trouvé son amie beaucoup mieux qu'elle n'espérait ; elle était elle-même infiniment mieux portante depuis quelques jours. Elle était impatiente de revenir : elle était revenue.

La veille, c'eût été une surprise ravissante pour Dutertre. En ce moment il se demanda si Flavien n'était pas de retour à Mont-Revêche.

Et puis, elle était seule avec Amédée. Elle ne savait pas son mari si près d'elle. Une terrible, une douloureuse curiosité condamna Dutertre à l'immobilité, au silence.

— Comment! il est sorti et personne

n'en sait rien? disait Olympe. Il a passé la nuit dehors, puisque son lit n'est pas défait dans sa chambre ! cela m'inquiète!

— Il sera parti hier soir pour la ferme des Rivets, répondit Amédée. Il m'a dit qu'il avait l'intention d'y passer, en notre absence, une journée entière pour tout voir. Il aime à marcher, il y aura été à pied sans rien dire à personne, afin d'y coucher et de s'y trouver tout porté ce matin. De cette manière il pourra faire sa tournée complète et revenir ici avant la nuit. Mais si vous voulez, ma tante, je vais monter en tilbury et je vous l'amène dans deux heures.

— Non, mon enfant, merci! reprit Olympe. Ces courses-là lui font du bien. Elles sont nécessaires à son activité. Il faut bien aussi qu'il surveille ses travaux. Il y prend tant d'intérêt et il a si peu de temps à y consacrer! Et toi-même tu as besoin de repos après une nuit passée en voiture sans dormir ; car ton office de surveillant t'en empêchait.

— Et vous, ma tante, est-ce que vous avez dormi? dit Amédée avec l'accent d'une tendre sollicitude que Dutertre s'imagina être à même de remarquer pour la première fois.

— Moi, très bien, je t'assure, répondit Olympe, dont le tutoiement envers Amédée parut aussi une chose nouvelle au malheureux époux, quoiqu'il l'eût exigé lui-même à l'époque où Amédée, âgé de vingt ans, était venu habiter Puy-Verdon définitivement.

— Oui, reprit Amédée, vous avez dormi aussi bien qu'on peut dormir avec la tête d'une marmotte comme celle-ci sur l'épaule !

Il s'adressait à Benjamine, qui entrait, en cet instant, par le perron.

— Papa n'est pas dans le jardin, dit-elle ; j'en ai fait le tour. Il n'y a encore personne de levé, et je n'ai pu savoir où il est.

—

— Il doit être à la grande ferme, répondit Olympe. Nous ne le verrons sans doute qu'à dîner. Allons ! patience, ma chérie. Il faut t'aller coucher.

— Oh! mère, j'en ai si peu envie, et c'est si beau de voir lever le soleil !

— Je t'en prie, ma fille, va dormir un peu. Qu'est-ce que dirait papa, si je lui ramenais sa chérie avec la migraine ou la fièvre ?

— Tu le veux, bonne mère? J'y vas. Mais toi, tu vas te coucher aussi?

— Certainement! répondit Olympe.

—Mère, reprit l'enfant, voilà les fleurs que je confie à ce garçon-là pour qu'il les fasse revenir dans l'eau. » Et elle remettait à son cousin une gerbe d'asphodèles.

La jeune femme embrassa la fille de son choix. Dutertre leur entendit échanger de gros baisers.

— Ah! pensa Dutertre, cela sonne

pourtant l'innocence et la vertu, ces baisers-là !

Néanmoins, il resta immobile. Caroline s'en allait. Olympe et Amédée restaient ensemble.

Tout aussitôt Olympe, qui était toujours debout près de la porte entr'ouverte donnant sur le perron, dit à son neveu :

— Et toi aussi, Amédée, va te reposer.

— Oui, ma tante, répondit-il d'une voix qui tremblait aux oreilles de Dutertre. Vous ne voulez pas que j'appelle votre femme de chambre?

— Non, vraiment, laisse dormir cette pauvre fille qui ne me sait pas revenue. Je n'ai besoin de personne.

— Bien sûr? vous ne souffrez pas?

— Pas du tout.

— Vous ne prendrez pas d'opium?

— Je n'en prends plus, dit Olympe avec enjouement. Est-ce que j'en ai jamais pris?

— C'est vrai qu'elle est guérie, pensa Dutertre ; est-ce l'amour de Flavien ou le mien qui a fait cette cure miraculeuse?

— Vous n'êtes pas inquiète de mon oncle, au moins? reprit Amédée, qui semblait trouver mille prétextes pour ne pas sortir : si vous l'étiez, je courrais...

— Non ! mais ne me parle pas comme cela, je le deviendrais : tu ne l'es pas, de ton côté? jure-le, je te croirai et me rassurerai, car tu n'es pas menteur, toi !

— Je vous jure que mon oncle doit être où je vous dis.

— A la bonne heure! C'est égal! j'ai du guignon en tout, Amédée. Je me suis hâtée de revenir! Je me faisais une si grande fête de le surprendre et de pouvoir mettre un jour de plus dans ma vie! Car elle est bien courte, ma vie, sais-tu?

— Mon Dieu! que dites-vous là? Est-ce que... Oui, vous souffrez, vous le cachez!

— Il est plus inquiet que moi-même! se dit Dutertre.

— Tu ne me comprends pas, reprit Olympe. Je dis que ma vie est courte, parce qu'elle ne dure que deux ou trois mois par année. Est-ce que j'existe quand il n'est pas là? Eh bien! pourquoi as-tu l'air triste? Est-ce que cela t'étonne? est-ce que, comme moi, tu n'es pas une âme en peine en son absence?

—Non, cela ne m'étonne pas, dit Amédée avec une grande émotion, et je suis comme vous. Son absence nous fait bien du mal à tous, mais elle vous tue; et voilà pourquoi je suis triste. Si vous vous laissez mourir, ma tante, qu'est-ce que nous deviendrons? Mon oncle ne vous survivrait pas!

— Mais je ne veux pas mourir! s'écria

Olympe d'une voix pénétrante par sa douceur. Oh! tu ne me laisseras pas mourir, toi qui es un peu mon médecin. Mais le grand médecin de l'âme, vois-tu, c'est lui. Pourvu que je le voie, je suis sauvée. Ah! mon cher enfant, aime-le bien, ce ne sera jamais trop! Allons! bonjour ou bonsoir. Je monte. Tu fermeras cette porte dont la serrure me brise les doigts; et puis, n'oublie pas les fleurs de notre Benjamine.

— Ce ne sont pas les siennes, ce sont les vôtres, ma tante, nous les avons cueillies pour vous. Vous les trouviez belles sur leur tige au coucher du soleil.

— Oui, je les trouve belles, quoique pâles et tristes.

— Elles sont pures, mais sans parfum.

— Sans parfum ? dit Olympe en se penchant vers la gerbe de fleurs. Eh bien! on calomnie comme cela beaucoup de plantes, parce qu'elles ont des émanations fines et discrètes. Moi, je trouve qu'elles ont l'odeur des bois, quelque chose qui n'a pas de nom précis, mais qui charme sans enivrer. Aies-en soin. Adieu! à tantôt?

Et Olympe sortit.

Il se fit un silence qui étonna Dutertre.

Amédée ne bougeait pas. Dutertre écarta doucement la tapisserie et le regarda attentivement.

Un faible jour pénétrait dans cette pièce, mais comme elle était fort petite, Amédée se trouvait forcément assez près de son oncle, pour que celui-ci ne perdît pas un de ses mouvements.

Le jeune homme, avant de se retirer par le jardin, demeurait les yeux fixés sur la porte par où Olympe était sortie. Il tenait toujours dans ses bras la gerbe de fleurs qu'elle avait respirée. Tout à coup, par un mouvement convulsif, il la porta à son visage, l'en couvrit, comme pour étouffer les baisers dont il la remplissait, et vint tomber ainsi sur un fauteuil, tellement près de Dutertre, que, sans la préoccupation complète où il était, il eût vu ses yeux ardents attachés sur lui. Dutertre n'y put tenir. En proie à une agitation insurmontable, et ne sachant pas supporter plus longtemps son inaction, il écarta le rideau, étendit le bras et prit dans les mains d'Amédée les fleurs qu'il en arracha avec une sorte de violence.

Amédée tressaillit, devint pâle comme

la mort, et resta fasciné par le regard de son oncle, les yeux dans les siens, avec l'expression d'un profond désespoir, mais sans honte ni crainte.

Dutertre fut subitement désarmé par cet air de franchise qui bravait la douleur même.

— Ah! malheureux! s'écria-t-il, toi aussi, tu l'aimes? mais c'est un inceste du cœur!

— Non, il n'y a pas d'inceste, répondit Amédée avec la résolution d'un homme fort, qui, contraint d'avouer tout, ne recule devant rien; il n'y en a pas dans mon cœur, puisqu'il n'y en a pas dans ma pensée.

— Mais ce parfum que tu cherches là, s'écria Dutertre en froissant les asphodèles, c'est à moi de l'y trouver, à moi seul, et tu me le voles, dans le secret de ton âme!

— Pourquoi me volez-vous le secret de mon âme? répondit Amédée, presque irrité contre son oncle. Vous faites là un grand mal à vous et à moi!

— Le malheureux me donne tort! s'écria Dutertre avec angoisse. Oui, oui, c'est moi qui suis le coupable, parce qu'on me croit aimé!

— Vous êtes aimé, mon père, ne soyez pas ingrat envers le ciel, vous êtes aimé comme personne ne le fut jamais.

— Qu'en sais-tu, insensé? Tu t'en inquiètes donc bien? Et que t'importe à toi? T'ai-je chargé de veiller à la garde de mon trésor?

— J'ai veillé sur sa santé, sur sa vie. Quelle plus grande preuve d'amour et de dévoûment pouvais-je vous donner, à vous, que de rester auprès d'elle?..

— En souffrant comme tu souffres, n'est-ce pas?

— Qui vous a dit que je souffrais? Me suis-je jamais plaint? S'en doute-t-elle? Quelqu'un a-t-il pu jamais le lire dans mes yeux?

— Oui, quelqu'un l'a remarqué et deviné ; quelqu'un l'a dit et écrit.

— Si ce quelqu'un là n'est pas une femme, nommez-le moi, et il faudra que l'un de nous...

—Vous ne le saurez jamais. Je ne vous

accorde pas le droit de vous battre pour ma femme.

— Pour elle! non certes! personne ne l'aura jamais, pas même vous, mon oncle. On peut se battre pour soi-même, quand on est accusé d'avoir insulté une telle femme, même par la pensée. On ne peut jamais se battre pour prouver qu'elle ne le mérite pas. Ce serait lui faire outrage que d'accepter la possibilité d'un pareil doute.

— C'est de l'idolâtrie que tu as pour elle, malheureux!

— Eh bien! oui, que vous importe?

N'ai-je pas le droit d'adorer, dans le mystère de mon âme, la même divinité que vous? Vous êtes le prêtre, et je vous vénère d'autant plus que vous êtes seul digne de l'être. Mais moi, croyant et fervent, moi qui baise les reliques à la porte du temple, sans avoir jamais permis à mon imagination d'en franchir le seuil, en quoi suis-je sacrilège envers elle ou envers vous?

— Amédée, répondit Dutertre, je connais ta force morale, ta religion, ta candeur; mais tu blasphêmes, sans le savoir, en assimilant le culte de la créature à celui du Créateur. Il se mêle toujours à ces extases de l'âme je ne sais quelles extases des sens dont la pensée m'irrite et dont le spectacle m'a ôté la raison un instant. J'aurais dû, tu dis vrai, ne pas violer le sanctuaire de ta conscience, ne pas surprendre et dérober le secret de tes rêves. Le mal est fait, je l'ai commis malgré moi, comme, malgré toi, sans doute, tu embrassais et respirais ces fleurs.

— Ces fleurs qu'elle n'avait pas même touchées! reprit Amédée. Et quelle plus grande preuve voulez-vous donc de mon respect? Tenez, voilà son mantelet; je l'avais bien vu, et j'ai résisté à la tentation d'y porter seulement la main.

— Amédée! Amédée! il y a, dans la plus chaste flamme, dans la passion la mieux cachée et la plus contenue, quelque chose de terrestre qui ôte la raison aux êtres doués de la plus puissante volonté. C'est un dangereux martyre que celui auquel je te condamnais!

— Dangereux! pour qui? s'écria Amédée en tombant aux genoux de Dutertre. Vous n'oseriez pas dire, mon père, que ce fût pour vous ou pour elle! Oh! ne le dites pas! ne m'ôtez pas le principe de ma force, votre estime et celle de moi-même!

— Dangereux pour toi, oui, pour toi

seul, j'en suis persuadé, dit Dutertre en lui prenant les mains, pour toi, mon enfant, dont la raison ou la vie succomberont aux secrètes tortures d'un amour ainsi combattu en toi.

— Vous ne le croyez pas, répondit Amédée, rouge d'un noble orgueil; vous ne me croyez pas si faible que de combattre sans vaincre, quand je n'ai affaire qu'à moi-même.

— Tu guériras, sans doute; mais tu es dans le paroxysme de la fièvre, et il ne faut pas en affronter la cause à toute heure.

— Au contraire, dit Amédée avec résolution, il le faut! il le faut absolument, si c'est pour moi seul que vous craignez. Et c'est pour moi seul, dites, mon oncle, c'est bien pour moi seul? Si vous aviez une autre pensée, je n'attendrais pas mon ordre d'exil, je sortirais de votre maison à l'instant même et pour toujours!

— Irrité contre moi, sans doute? dit Dutertre étonné du feu de son regard.

— Eh bien! répondit le jeune homme exalté comme un saint des anciens jours, mortellement blessé par vous, qui m'auriez outragé et déshonoré dans votre for intérieur.

— Enfant enthousiaste, dit Dutertre, je ne veux pas, je ne peux pas douter de vous... ni d'*elle!* ajouta-t-il avec un peu plus d'effort.

— Encore moins d'elle, j'espère! s'écria Amédée prêt à reprocher à Dutertre de ne pas assez vénérer sa femme.

— Je sais qu'elle ne vous aime que comme son fils, comme je vous aime! répondit Dutertre. Si j'en avais jamais douté, j'en serais sûr en ce moment, où je viens de l'entendre vous parler de son affection pour moi en des termes qui m'honorent. Mais je vous répète, enfant, que votre malheureuse passion vous crée une situation impossible, au-dessus des forces humaines !

— Vous ne connaissez pas la mesure des miennes, mon ami, dit Amédée avec animation. Il y a des souffrances qu'on aime, précisément parce qu'on sent qu'on les domine. Le jour, où exilé d'auprès d'elle, je n'aurai plus de mérite à souffrir pour vous, je serai brisé. Je l'ai essayé plusieurs fois ; je le sais, l'absence me tue, et c'est alors que ma passion m'écrase. Sa présence à *elle* me ranime et me rend l'empire de moi-même. Me croirez-vous, moi que vous appelez la *bouche sans souillure*, si je vous dis que quand elle est là, devant moi, je ne souffre pas, je n'ai pas de désir, je ne conçois pas qu'on en puisse avoir ; que je me sens aussi calme, aussi pleinement heureux qu'un enfant auprès de sa mère; que je n'ai jamais désiré de baiser sa main en la regardant, que mon cœur ne bat pas quand elle s'appuie sur mon bras, que mon sang coule mesuré et rafraîchi dans mes veines quand elle me parle de vous avec adoration; que même mon cœur se dilate à l'entendre et à lui répondre : enfin, que là où la divinité est présente, il n'y a plus pour moi de femme?.... Dites, croyez-vous que je mente en vous disant cela?

— Non, répondit Dutertre, frappé de ce qu'il entendait. Non! car c'est ainsi que je l'ai aimée quatre ans avant d'oser le lui dire.

— Je le sais, reprit Amédée, alors que vous hésitiez devant cette chose si grave, un second mariage, vous aimiez bien souvent sans espoir, et, dans ces moments-là même, vous étiez heureux. Eh bien! vous l'étiez moins que moi; car, dans ces heures de renoncement à votre bonheur, vous ne vous immoliez qu'à un devoir encore mal défini dans votre conscience. Vous n'aviez que la crainte vague de gâter l'avenir de vos enfants. Moi, j'ai la certitude que je tuerais mon père, et vous croyez que je peux nourrir en moi le désir d'être heureux au prix d'un pareil crime? Non, non! mon bonheur est plus haut placé que dans la satisfaction de mon propre amour. Il est placé dans le sacrifice de cet amour même, et si vous m'en ôtez la gloire, vous me laisserez toute ma misère, en m'arrachant ma plus haute, ma souveraine consolation! Vous avez cédé à votre passion, vous, mon père. parce que vous en aviez le droit ; vous pouviez la légitimer, vous ne pouviez prévoir les maux qu'elle a causés dans votre famille, et qui, après tout, ne sont pas sans remède. Moi, qui ne pourrais avoir d'espérance sans rougir, je ne peux pas être vaincu, je ne peux pas être faible ! Et puis, grâce à Dieu, je ne suis pas aimé !

— Grâce à Dieu, dis-tu ? demanda Dutertre étonné.

— Oui, grâce à Dieu, puisque c'est vous qui l'êtes ! répondit Amédée avec l'enthousiasme du dévoûment, et puisque c'est justement vous que je préfère à moi-même !

Dutertre, profondément attendri, cacha son visage dans ses mains ; puis, après un instant de silence, il les posa en signe de bénédiction sur la tête du jeune homme, en lui disant :

— Mon fils, je vous estime, je vous aime et je vous bénis, mais vous ne pouvez pas rester ici.

VIII

VIII

Amédée atterré, courba la tête comme si cette bénédiction eût été celle du prêtre au pied de l'échafaud.

— Vous me tuez, dit-il; mais que votre volonté soit faite !

— Non, non, je te sauve, dit Dutertre en se levant. Il y aurait, dans la tâche que tu t'imposes, des douleurs que ni toi ni moi n'avions prévues. C'est à moi seul de les supporter, ne m'interroge pas. Je ne puis rien te dire, sinon que je crois en toi comme en moi-même, et que ce n'est par aucun sentiment d'égoïste et vulgaire méfiance que je t'éloigne. Je te dis qu'il le faut, non pour mon honneur, mais pour ma dignité; non pour le repos de mon esprit, mais pour celui de ma conscience.

— Votre arrêt est mystérieux, mais je dois m'y soumettre sans le pénétrer, dit

Amédée. Alors, donnez-moi donc quelque grande tâche à accomplir pour vous, quelque mission difficile ; trouvez-moi un moyen pour que je trouve, moi, de la force, en me disant que ma force vous est nécessaire.

— Oui, elle m'est nécessaire, et me le sera toujours. Mais c'est au sein de la famille surtout, car j'ai besoin de ton affection plus encore que de ton intelligence et de ton travail. Ecoute ! cette famille si belle et si vivace, dont j'étais trop fier et que je croyais pouvoir rassembler toujours sous mon aile, va se disperser. Il le faut. Eveline va, je crois,

épouser Thierray qu'elle a choisi elle-
même, et que j'estime. Nathalie me suit
à Paris : va m'y attendre ; nous vivrons
là tous trois avec ma sœur. Je ne ferai
ici, pendant l'année qui va commencer,
que de rapides apparitions, comme j'y
suis contraint depuis que j'ai eu le malheur d'accepter la députation. Ma femme libre, calme, habituée déjà à l'idée
de quelques années d'absence, séparée
de celle de mes filles qui la tue, vivra
tranquille et guérira auprès de ma Caroline. D'ici à un an Nathalie sera mariée, je donnerai ma démission, et alors,
si tu peux me jurer sur l'honneur que tu
es guéri, nous reviendrons vivre ici, et

je caresserai de nouveau l'espoir que tu m'as donné de t'attacher à ma plus jeune... à ma meilleure fille ! Sinon, tu partiras pour l'Amérique, où tu auras peut-être ma fortune à sauver d'un danger toujours suspendu sur elle.

— Ce danger vous préoccupe trop peu, mon oncle, laissez-moi partir tout de suite.

— Non, dit Dutertre, qui s'effrayait des suites du désespoir d'Amédée, et qui n'osait l'abandonner trop à lui-même, tant le sentiment paternel vivait généreux et tendre dans son âme à côté du sentiment conjugal : — Non, le moment de s'occuper des choses matérielles n'est pas venu. Nous souffrons ici d'un mal moral, moi surtout, qui vais m'exiler encore une fois de ma maison, et associer ma vie pour plus de souffrance à celle d'une âme terrible, d'une fille parfois dénaturée! J'aurai beaucoup à souffrir, mon ami, il me faudra de la force et de la patience. Je n'aurai pas ma Benjamine pour essuyer mes larmes. Je laisse ce trésor à Olympe. Remplace auprès de moi cette fille chérie, en même temps que tu seras le doux et sage conseil que j'aime à écouter dans mes agitations intérieures. Tu m'aimes plus que toi-même, tu le dis, je le crois, j'accepte !

En parlant ainsi, Dutertre examinait la physionomie d'Amédée avec soin. Il éprouvait ce jeune courage, il s'efforçait de le détacher de lui-même, de le sauver par l'enthousiasme du dévouement, qui était sa véritable vertu, sa véritable force. S'il eût aperçu quelque hésitation dans son regard, quelque défaillance dans son esprit, il eût renoncé à ce moyen de salut, il en eût cherché quelque autre. Mais le regard d'Amédée resta brillant, sa figure s'éclaircit, un sourire d'espoir et de reconnaissance fit trembler ses lèvres.

— Oui, vous avez raison, s'écria-t-il, c'est là mon désir, c'est là ma mission et ma gloire! Etre votre appui dans la lutte qu'on livre à votre justice et à votre bonté, votre consolation dans les douleurs dont on vous abreuve!... Merci, merci mon père! je ne suis pas assez grand, assez digne pour vous conseiller, comme vous le dites ; mais là où la grandeur manque, la tendresse supplée. Je vous aimerai, je souffrirai avec vous, je trouverai moyen de vivre et de bénir mon sort avec cette pensée-là ; soyez tranquille ; je pars tout de suite... il le faut... oui, je comprends, ou je devine ! quelque langue empoisonnée... non, non, n'en parlons pas, n'y pensons pas. Pardonnons tout. Travaillons au bonheur de ceux qui nous assassinent. Nous les ramènerons par la patience, par le dévouement; vous verrez, mon oncle, vous serez encore heureux ! vous guérirez *tous* vos malades ! Oh ! soyez béni pour cette pensée de vouloir me garder près de vous quand vous serez loin d'ici !

Amédée tomba dans les bras de son père adoptif en fondant en larmes. Son cœur se brisait, mais il restait si fidèle, si sincère envers son juge et son rival, il baisait avec tant d'effusion la main du sacrificateur, que Dutertre oublia entièrement l'espèce de rage qui l'avait transporté un instant auparavant, pour le serrer dans ses bras et ne plus voir en lui que le meilleur des fils et le plus pur des êtres.

Il le suivit dans le pavillon carré, s'occupa de le munir d'argent, de lettres et d'effets, avec une délicate sollicitude, et prépara avec lui le prétexte d'affaires qu'il donnerait à ce brusque départ, sans éveiller l'attention de personne.

Pendant ce temps on préparait la voiture qui devait emmener le jeune homme. Dutertre lui prit le bras pour l'y conduire lui-même. En repassant devant la porte de la tourelle où, tant de fois, Amédée avait veillé de loin et en secret sur le sommeil fébrile d'Olympe, Dutertre sentit un allourdissement du bras appuyé sur le sien, comme si la mort glaçait subitement les membres de ce malheureux enfant; mais cette violente émotion fut rapidement vaincue. Amédée sourit de son mal en silence, et tout aussitôt, plein de vaillance et de sublime enjouement, il doubla le pas, en recommandant à son oncle ses fleurs et ses animaux favoris. Quand la voiture qui emportait le dernier sourire adressé à son ami eut disparu derrière les murs du château, il retomba comme anéanti sur lui-même, et pendant quelques heures, il fut réellement suspendu entre la vie et la mort, ne pensant plus, ne comprenant pas, ne se souvenant de rien, et croyant qu'il n'aurait pas la peine d'aller jusqu'au bout de son voyage.

Dutertre, resté seul, sentit une sorte de soulagement momentané, comme après l'accomplissement d'un devoir; mais quand il rentra dans sa maison, il pensa qu'il n'y reverrait plus cet enfant si parfait, et la trouva vide. L'être qui, pour lui, peuplait tout de joies ineffables était comme séparé de lui désormais par un abîme.

Il ne croyait pas Olympe infidèle par le cœur, et il savait qu'elle ne l'avait pas pas été par les sens; mais il n'était pas sûr qu'elle ne l'eût pas été par l'imagination : et ne fût-ce que pour un instant, sans le concours de sa volonté, et comme à l'insu d'elle-même, c'en était assez pour que le radieux bonheur de l'époux fût terni, presque empoisonné.

Il n'alla pas réveiller sa femme. Il ne voulut ou il n'osa pas croire que quelque inquiétude sur son compte l'eût empêchée de s'endormir. Il n'alla pas, comme à l'ordinaire, contempler son beau sommeil chaste comme celui d'une vierge Il craignait de se surprendre moins occupé de l'admirer que d'espionner la découverte de quelque secrète trahison de l'âme. Son rôle d'époux, qu'il avait rempli jusque-là avec tant de religieuse dignité, lui parut, pour la première fois, le rôle odieux ou ridicule d'un mari jaloux ou trompé.

Il alla errer dans les bois et prit la direction de Mont-Revêche sans y songer, mais entraîné par un instinct de méfiance dont il ne se rendait pas compte. Il rencontra Thierray qui venait déjeuner à Puy-Verdon. Dutertre ne songea pas à saluer en lui son gendre, à lui faire l'accueil encourageant et paternel des autres jours. Il ne se souvenait même pas que ce fût là le futur époux d'Eveline. Il ne voyait plus en lui que le confident de Flavien, l'homme qui avait lu cette lettre maudite, et qui pouvait supposer son honneur en péril. Sans cette lettre, Dutertre eût, à coup sûr, ce jour-là, provoqué généreusement ces aveux délicats, toujours embarrassants de la part d'un homme sans fortune, demandant la main d'une riche héritière. Plus que tout autre, Thierray avait besoin qu'on fît les premiers pas vers lui, car sa fierté souffrait extrêmement de la situation où il se trouvait. Il sentait que ses assiduités auprès d'Eveline ne pouvaient se prolonger davantage sans la sanction officielle du père de famille. Il s'était donc résolu à la demander ce jour-là, et quand il vit Dutertre seul et à pied, il descendit de cheval et se mit à marcher près de lui, espérant, comptant presque que Dutertre allait le premier briser la glace.

Mais Dutertre, pâle, malade, accablé, le consterna par la différence de son accueil avec celui des autres jours; son front chargé d'ennuis, son regard investigateur, ses paroles contraintes firent croire à Thierray que l'équipée d'Eveline était découverte, et qu'il se trouvait en présence d'un père justement irrité, qui attendait, dans une attitude sévère, l'offre de la réparation inévitable.

Thierray n'était nullement préparé à se jeter la tête en avant dans le précipice du mariage avec une fille sans cervelle. Il avait compté parler de ses espérances et avoir du temps pour se raviser, si l'inconséquence d'Eveline l'y forçait sans l'exposer à aucun blâme. En se croyant pris dans un piège, peut-être tendu par elle avec plus d'habileté qu'elle n'en paraissait capable, peu s'en fallut qu'il ne la prît en aversion.

Enfin il fallait s'exécuter, car Dutertre

parlait de la pluie et du beau temps d'un air préoccupé que Thierray prit pour un air ironique et menaçant.

— Monsieur, dit Thierray, vous me faites l'honneur, j'espère, de ne pas me regarder comme un misérable, et j'ai hâte de vous prouver que je suis digne de l'estime que vous m'avez témoignée jusqu'à ce jour ; mais, avant tout, j'ai besoin de vous demander si vous me croyez capable d'avoir provoqué, même par intention, la regrettable circonstance où je me suis trouvé hier...

— Assez ! assez ! monsieur Thierray,

répondit Dutertre avec une sorte de violence. Je sais très bien qu'il n'y a pas de votre faute; il n'était pas besoin de me le dire, et je m'étonne beaucoup que vous pensiez devoir m'en parler. Puis il ajouta d'un ton plus calme : Vous avez de l'honneur; je me fie à votre discrétion, bien que je sache qu'il n'y ait là rien de grave, rien qui blesse mon honneur, et dont j'aie le droit de me plaindre en ce qui vous concerne.

Dutertre croyait, en parlant ainsi, que Thierray s'était aperçu de sa méprise dans l'envoi de la lettre, et qu'il venait lui en témoigner son regret, idée qu'avec raison il trouvait assez inintelligente, presque déplacée. Il ne se doutait pas plus de la visite de sa fille à Mont-Revêche que Thierray ne se doutait d'avoir encore quatre cents vers de sa façon dans le tiroir de son bureau à la place des confidences de son ami.

La philosophie de Dutertre à son égard le frappa donc d'une grande surprise, et il y vit un esprit de justice si rigide, qu'il en fut presque effrayé. « Pauvre Eveline! pensa-t-il, on la sait si folle qu'on ne songe pas même à m'accuser, et on l'abandonne aux conséquences de sa faute, sans m'imposer pour devoir de les réparer. Allons! je serai aussi héroïque que cet honnête homme! j'épouserai, dussé-je m'en mordre les doigts plus tard! »

— Monsieur, dit-il, j'admire votre sagesse et votre fierté ; mais je sens que je dois à votre honneur une réparation...

— Eh! quelle diable de réparation pourriez-vous m'offrir, vous? dit Dutertre l'interrompant avec une sorte d'ironie amère. Vous ne pouvez pas m'en donner d'autre que celle du silence, et j'y compte. Ne parlons plus de cela, vous dis-je.

Et, lui tendant la main d'une manière plus imposante qu'affectueuse, il ajouta :

— N'en parlons jamais, je vous en prie, Thierray !

Thierray fut profondément blessé de cette réponse qui pouvait s'interpréter comme un refus formel de la main d'Eveline.

— Fort bien ! se dit-il, les bourgeois seront toujours des bourgeois, les riches voudront toujours des gendres riches; les artistes, les gens de lettres seront toujours, dans les familles opulentes, des messieurs sans conséquence, pour qui les demoiselles de la maison ont parfois des passions assez vives, mais qui ne sont pas tenus d'épouser, parce qu'ils ne peuvent offrir, eux, aucune espèce de réparation à l'honneur compromis. Pourvu que je me taise, on ne m'en demande pas davantage ; c'est tout ce à quoi je suis propre. Un amant discret et clandestin, c'est possible ; un époux officiel, jamais !

Il ne répondit à Dutertre que par un sourire dédaigneux, que Dutertre n'observa même pas. Thierray aurait rougi d'insister ; il aurait eu l'air de profiter de la folie d'une petite fille pour épouser un million de dot. Mais sa surprise, sa consternation furent au comble, quand Dutertre, qui ne voulait plus penser qu'au bonheur de sa fille, et qui était résolu à surmonter son propre malaise en présence de son futur gendre, lui dit fort naturellement :

— Allons ! Thierray, vous êtes à cheval, vous alliez à Puy-Verdon, ne vous dérangez pas plus longtemps. Je vais voir une coupe que j'ai par ici ; ma femme est revenue, et je vous retrouverai à déjeuner.

Là-dessus, il s'éloigna sans juger nécessaire d'attendre la réponse de Thierray.

— Ceci est trop fort! dit le jeune homme en remontant avec rage sur son cheval. On sait que je suis aimé; la fille est compromise; on m'interdit très formellement de songer au mariage, et on m'autorise à revenir dans la maison! C'est un peu trop me traiter en subalterne, je pense... ou bien cette fille a déjà fait plus d'une équipée du même genre. On sait qu'elle est perdue, qu'elle ne peut être épousée, et on lui permet d'avoir des amants sous forme de fiancés pour l'empêcher de faire du scandale. Est-ce là la cause de ce soin qu'elle prend elle-même de ne jamais rien promettre pour l'avenir? Est-elle une de ces femmes *affranchies* qui ont horreur du mariage et qui prétendent vivre libres à la face du monde? Elle est assez cerveau brûlé pour avoir contraint sa famille à subir les conséquences de son *émancipation*. Ma foi! je serais bien sot de n'en pas profiter. Cela est beaucoup plus agréable qu'un engagement comme celui que j'allais prendre.

Et Thierray piqua des deux, le cœur plein de colère et l'esprit de railleries.

Mais comme il approchait des tourelles blanches et sveltes de Puy-Verdon, il assista à une petite scène gravement burlesque qui le fit rentrer en lui-même.

Quoiqu'il n'eût pas emmené Forget, Forget se trouvait là. Il était venu pour vider un compte avec M. Crésus qu'il n'avait pu voir la veille, le page ayant passé tout le jour endormi et caché dans le grenier à foin, pour se dédommager de la mauvaise nuit qu'Eveline lui avait procurée. Forget venait chercher et guetter Crésus aux alentours du château, et, au moment où Thierray approchait, le rigide serviteur de Mont-Revêche venait de surprendre, auprès d'un jeune arbre dépouillé de ses feuilles, le page de Puy-Verdon prenant en rêve le délassement d'une pipée dont il préparait les gluaux.

Thierray entendant parler Forget sur un diapazon inusité, et reconnaissant aussi la voix de Crésus, qui semblait demander grâce tout en provoquant, selon la coutume des *enfants terribles*, arrêta son cheval et prêta l'oreille.

— C'est très bien! disait Forget. Tu n'es qu'un méchant galopin que j'ai toujours soupçonné de me voler mon tabac et mes brosses. Tu le faisais par méchanceté plus que par chiperie, je le sais bien ; mais tu m'as fait de mauvaises farces dont je n'ai pas voulu me plaindre. C'est toi, pas moins, qui m'a fait quitter ces bons maîtres, parce que je ne pouvais plus me supporter avec toi. J'ai été bon ; j'ai dit : « Si je le fais renvoyer et qu'il tombe sur de la canaille de maîtres comme il y en a, c'est un enfant perdu qui ira au mal comme tant d'autres. J'ai lâché la maison... »

— Oui, oui, répondit Crésus, parce que vous saviez bien que mademoiselle Eveline me soutiendrait, et que vous ne me feriez pas renvoyer comme ça ! Vous n'êtes qu'un vieux grigou qui se fâche de tout...

— Et, en attendant, je t'ai pardonné quand tu es venu me demander grâce en pleurant et me disant que si tu étais renvoyé de Puy-Verdon, tes parents ne te recevraient pas. Le vieux a cédé la place au jeune, parce que le vieux était sûr de gagner sa vie honnêtement partout, et que le jeune risquait de devenir un vagabond et de finir par les galères.

— Eh bien ! qu'est-ce que vous me reprochez à c't'heure ? quel mal est-ce que je vous ai fait depuis ?

— Tu m'as fait faire hier une sottise, et je te le reprocherai toute ma vie. Tu es venu me chanter des histoires, me dire des mensonges au sujet de... enfin, suffit !

— Mais puisque je vous dis que mademoiselle Eve...

— Tais-toi, tais-toi, vilain môme ! si tu dis encore une fois son nom, j'vas t'allonger encore une fois les oreilles.

— Allons, allons, père Forget, pas de bêtises ! Je vous jure qu'elle m'a dit ce que je vous ai dit. Je savais bien que c'était une frime pour vous faire couper dedans, et qu'elle n'allait chez vous que pour faire une farce à votre monsieur ; mais dam ! je vous ai parlé comme j'étais commandé. C'est-il ma faute ?

— C'est bon, en v'là assez, dit Forget, je ne veux pas te faire de mal aujourd'hui ; mais c'est pour te dire que si tu as le malheur de répéter un mot de cette histoire-là, même à monsieur Thierray qui ne sait pas seulement qui c'est qui est venu trimer la nuit dans ses corridors, tu vois bien ton arbre à piper les oiseaux ? eh bien ! je prendrai un bâton de c'te taille-là, et je te réponds que dans l'état où je te laisserai, tu ne diras plus un mot ni bon ni mauvais, car tu seras mort.

— Tiens? vieux assassin, vieux brigand! dit Crésus d'un ton de détresse, car Forget le secouait rudement; est-ce que vous croyez que je veux parler de ça pour me faire flanquer à la porte? Lâchez-moi donc! Quand je vous dis que si vous n'en parlez pas, ça ne se saura jamais!

— A la bonne heure! dit Forget en le lâchant et en stimulant sa fuite par l'impulsion d'un formidable coup de pied, vous êtes un joli garçon, à c't'heure.

Crésus disparut en grommelant des injures ; Forget s'en alla avec un calme philosophique, et Thierray doubla le pas pour le rejoindre.

— Forget, lui dit-il, j'ai entendu et vu ce qui vient de se passer. Je sais maintenant, ou je devine de qui il est question. Quelqu'un, dans le château, le sait-il ?

— Pas les domestiques, du moins, monsieur, et vous voyez que j'ai pris mes garanties avec le galopin.

— Avait-il parlé ?

— Non, monsieur ; mais si l'argent donne une sûreté pour l'avenir, la crainte en donne une autre. La demoiselle paie sans doute, moi je fais ce que je peux, je cogne.

— Et moi, que puis-je faire?

— Rien, monsieur, que de paraître ne rien savoir.

— Vous avez raison, Forget, j'y suis décidé.

— Oui, monsieur, ce sera bien. Vous ne pouvez pas épouser ça, c'est trop riche, et j'ai été bien simple de croire que c'était convenu. Mais c'est gentil, voyez-vous, c'est honnête. Ça met le chapeau sur l'oreille et ça prend des airs de linotte, parce que ça ne sait rien. C'est gâté, mais c'est bon comme le père, et faire du tort à une jeunesse comme ça, ça serait l'affaire d'un sans cœur.

— La vérité sort de la bouche des simples, dit Thierray. Merci, Forget.

Il tourna bride, et, d'un temps de galop, retourna à Mont-Revêche avec la résolution d'en partir le soir même.

FIN DU TROISIÈME VOLUME.

Impr. de E. Dépée, à Sceaux.

OUVRAGES D'ALEXANDRE DUMAS, TERMINÉS.

OLYMPE DE CLÈVES
9 volumes.

CONSCIENCE
5 volumes.

MES MÉMOIRES
14 volumes.

HISTOIRE D'UNE COLOMBE
2 volumes.

LE VÉLOCE
3 volumes grand in-8, avec gravures.

ANGE PITOU
8 volumes.

LE TROU DE L'ENFER
4 volumes.

DIEU DISPOSE
Suite du *Trou de l'Enfer*, 6 volumes.

UN GIL BLAS EN CALIFORNIE
2 volumes.

LOUIS SEIZE
5 volumes.

LES MARIAGES DU PÈRE OLIFUS
5 volumes.

LA COMTESSE SALISBURY
6 volumes.

LA FEMME AU COLLIER DE VELOURS
2 volumes.

LES MILLE ET UN FANTOMES
2 volumes.

LA RÉGENCE
2 volumes.

LOUIS QUINZE
5 volumes.

LE COLLIER DE LA REINE
11 volumes.

LES DRAMES DE LA MER
2 volumes.

Impr. de E. Dépée, à Sceaux.

www.ingramcontent.com/pod-product-compliance
Lightning Source LLC
Chambersburg PA
CBHW071330150426
43191CB00007B/682